职业化养成与塑造

曹爱宏 著

中国财富出版社

图书在版编目（CIP）数据

职商：职业化养成与塑造 / 曹爱宏著. —北京：中国财富出版社，2015.7

（中国 100 强名师名作）

ISBN 978 - 7 - 5047 - 5684 - 8

Ⅰ. ①职…　Ⅱ. ①曹…　Ⅲ. ①职业道德　Ⅳ. ①B822.9

中国版本图书馆 CIP 数据核字（2015）第 082954 号

策划编辑　刘淑娟　　　　责任印制　方朋远

责任编辑　戴海林　吴伊文　　　　责任校对　梁　凡

出版发行　中国财富出版社

社　　址　北京市丰台区南四环西路 188 号 5 区 20 楼　　邮政编码　100070

电　　话　010 - 52227568（发行部）　　010 - 52227588 转 307（总编室）

　　　　　010 - 68589540（读者服务部）　　010 - 52227588 转 305（质检部）

网　　址　http://www.cfpress.com.cn

经　　销　新华书店

印　　刷　北京京都六环印刷厂

书　　号　ISBN 978 - 7 - 5047 - 5684 - 8/B · 0436

开　　本　710mm × 1000mm　1/16　　版　　次　2015 年 7 月第 1 版

印　　张　13.75　　彩　插　8　　印　　次　2015 年 7 月第 1 次印刷

字　　数　172 千字　　定　　价　38.00 元

▲TTT 训练——东营邮政合影

▲TTT 训练——河南邮政合影

◀TTT 训练——万达集团合影

▲自动自发——交通银行轮训

▲沟通——农业银行内训

◀TTT 训练——中国海油合影

◀职业化训练——重庆银行业协会内训

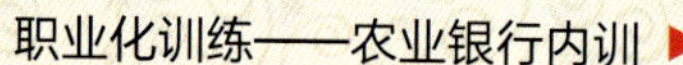

职业化训练——农业银行内训 ▶

编委会

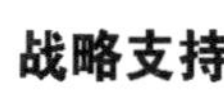

推荐序

曹爱宏老师是我公司得力的内训讲师，很受客户的欢迎与肯定。他专攻“职业化”这一主题，琢磨数年，有了这一本智慧结晶。

有些其他观念在国内传诵不已，例如：执行力、动态组织、互联网、高效团队等。但做得到位的人依然很少，根本原因还是在于不够职业化。

国内观光客只要出国都忍不住地大包小包地买东西，从奢侈品到小家电。我们的东西如果真的做得很好，那每年数千亿以上的外国货消费（包括进口）都可以省下来，帮助还不富裕的农工阶层。爱用国货不是口号，你不能苛责买外国货的同胞。

职业化从态度、形象、技能到道德是一个连贯行为。前面三个做好了，品牌形象就自然树立了。很多人都把知名度，甚至收视率，看作是一种品牌表现，这样的说法太简单了。

世界上很多知名品牌在草创时期都是默默无闻，静静耕耘的。无人不知的麦当劳跟我同龄，1948 年出生，迄今已过一甲子。可口可乐都是人瑞了。

我不反对 O2O（Online to Offline，即线上与线下的结合），也深知它的威力。但没有好的产品，要拿什么去“线上线下”呢？挂在线上也没人要呀。

你再没有时间，曹老师这本书的第一章你最好先看一下。人这一生是否成功，是否为人重用，是否被客户接受，是否能拥有一个很傲人的家庭，都跟职业化有关。

不然你把曹老师这本书，放在书架上。若干年后，假设你混得不好，再把它拿下来翻一下，我相信你会找到答案的。

著名管理培训大师
名仕领袖学院院长　余世维博士

序　言

在职场中，职场人士经常会遇到各种各样的问题：如何让自己的能力在工作中更好地发挥出来，如何让自己的能力获得其他人的认可，如何让自己更能适应环境，如何获得很好的职场人脉，如何很好地规划自己的职业生涯以及如何在生活和工作中找到一个很好的平衡点，等等。要解决这些问题，就要从职业化的意识、态度、技能、形象和道德五个部分着手修炼，从而提高自己的职商，使自己在职场的舞台上扮演好自己的角色。

职业化素养的提高能让职场人显得更加专业，提升自己的就业力和竞争力；积极的职业化态度能提高职场人的工作积极性，也能很好地缓解工作压力；优秀的职业技能可以让职场人的工作变得更有效率，做起事情来更有条理性；良好的职业形象可以体现出很正面的企业形象，也能给自己加分，获得别人的信任；而职业化道德的培养则是一个职业人最基本的行业素质。这五者都获得相应提高，才能够实现职场人的职业化，而职业化正是职场人修炼职商的“基本功”。

拥有高职商的人，往往在知道自己内心期望的同时，在得到喜欢的工作之后，知道该如何调整自己的心态和步伐以适应自己的工作。敬业、责任、积极、主动、团结等因素组成了职商，经过系统的培训，职场中人都能够熟练地把这些因素运用到工作中，成为一名具有高职商的优秀人才，体现出自己的价值。

本书详细讲述了如何从各个方面修炼职商，以及在职场上遇到各种问题需要怎样处理。阅读本书，就仿佛进入了一个修炼职商的培训课堂。只要你坚持修炼，在读完本书后，你的职商将能够获得质的提高，以便从容应对职场竞争。

作　者

2015 年 3 月

导　读

一　什么是职商

所谓“职商”（Career Quotient，CQ），就是职业智商，它是一种综合智慧，和智商及情商都不一样。也就是说，拥有高智商和高情商不一定就有高的职商。在企业中，职商较高的人往往更能看到机会，把握住机会，从而获得成功。通过修炼，可以拥有很高的职商，进而登上自己职业生涯的巅峰。

在修炼职商的过程中，一般会遇到这样一些问题：

- 职业素养不高
- 职业态度消极
- 职业技能不够
- 职业形象不佳
- 职业道德缺乏

这些问题在职场当中普遍存在，可以说，这些问题都是职商不高所致。而经过针对性很强的职商塑造和养成，就能成功地避开这些问题，创造更高的效率，实现目标，取得成功。从遇到的问题出发，要从这五个角度修炼自己的职商：

- 职业素养要从职业、专业、意识、学业的角度修炼，成为一个专业的职业人。
- 职业态度的修炼让职场人能够正确评估自己的心态，每天以一个乐观的心态面对工作。
- 职业技能的修炼主要分为通用技能和专业技能两个方面，让职场人能够把自己的工作做得更出彩。
- 职业形象的修炼主要包括着装、谈吐、礼仪等，使职场人更能在形象上实现职业化。
- 职业道德的修炼会使职业人取得别人的信任，从而提高自己的竞争力。

工作不仅是为了生存，更多的是为了让自己的价值在自己的工作中得到充分的展现。只有具有很高的职商，才能够激发自己的潜能，从工作中获得满足和乐趣，并让企业受益，自己的价值也能得到很好的体现。

二　如何阅读本书

参与实践

为了方便读者理解和记忆，本书采用了图、文、表等相结合的叙述方式，使整本书具有很强的可操作性。你可以在阅读本书的时候边学习、边实践。只要你认真参与实践，在不久的将来，你会发现，你就能成为本书的实践者，最终获得事业的成功。

谦虚心态

在阅读本书的过程中，可能你会发现有很多的道理你都懂，甚至你觉得若是你来表述比我们表述得更好，或者你觉得这些步骤你都明白。这时，请你问问自己：你觉得这些很简单，自己都明白的道理，你是否做到了？即使你觉得你做到了，是否你真的获得了成功？

很多时候，知道并不等于做到。从知道到做到，从做到到结果，这中间还有很长的路要走，知道仅仅是第一步。所以，请读者朋友在阅读本书的时候放低姿态，用一种谦虚的心态去品味，一定会受益匪浅。

坚持阅读

这个世界上没有一种学问是一天两天就能完全掌握的，职商也不例外。每个人都有惰性，我们有再好的方法，若是你没有坚持下去，也是没有用的。所以，请你坚持阅读，你一定会发现自己的工作和生活都发生了很大的变化，最终自己的职商得到了很大的提高，自己的工作和价值观都得到质的飞跃。

如何阅读本书

参与实践

谦虚心态

坚持阅读

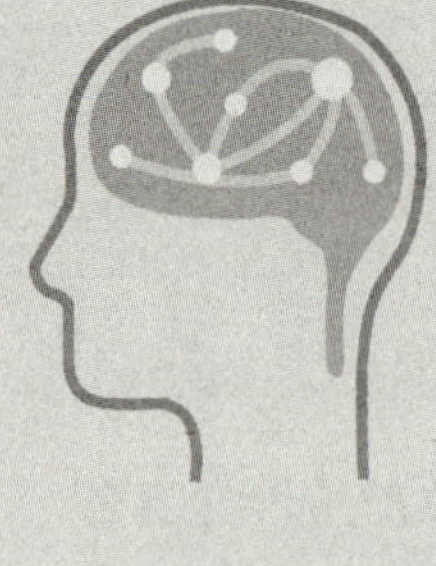

下面让我们开始对职商的修炼……

目　录

第一章 职场即修为，认知要趁早

——职业化素养认知

第 一 章

职场即修为，认知要趁早

认知：“职业化”就是以此为生的“专职化”

“专职化”就是专门从事某种职业，而“职业化”则比“专职化”更加具体。“职业化”是在“专职化”的基础上使个人、集体等更加规范，更加标准，更加专业的行为。其中，包括着装、言行和个人气质向更有利于自己职业的方向转变。职业化无论是对企业还是个人都具有非常重要的作用。

从《喜剧之王》透视职业化定义

职场直播间

《喜剧之王》中周星驰扮演的尹天仇是一个龙套演员。他非常喜欢演戏，但总是遭到奚落。有一次，他去给动作巨星杜娟儿跑龙套扮演一个被一抢打死的神父，可是尹天仇却私自添戏而不愿死去错失了机会。尹天仇就努力学习，使自己更加职业化，并继续寻找表现的机会。后来，他在一次跑龙套的过程中，职业化的态度获得了杜娟儿的高度评价，杜娟儿提拔尹天仇做男主角。

《喜剧之王》讲述了尹天仇从一个没有实现职业化的龙套演员到一名很职业化演员的过程。而职业化，就是一种更加标准化、制度化和规范化的工作状态，一般表现在以下几个方面。

1. 职业化的意识

尹天仇在扮演神父的过程中，他很想在死之前表现一下自己，结果丢了这个机会。但是，尹天仇没有放弃，而是继续坚持演戏，依然想把事情做好。这种深刻的意识就是职业化的意识。在职场中，也需要这种意识，即清楚自己想要的是什么，然后坚持自己的目标，一直把自己的工作做下去，就一定能达到目标。

2. 职业化的心态

尹天仇被一个演员给替换了，他便向那个演员请教怎么演戏，那个演员对他说，你只要用点心就行了。后来，尹天仇就天天学习，在自己小小的卧室里看那本《演员的自我修养》，在墙上贴了很多出名演员的照片勉励自己。在职场拼搏时，我们必须有一个不断学习的心态，不断完善自己，才能使自己更具有竞争力。

3. 职业化的技能

尹天仇刚刚去片场跑龙套时，导演问他各种表情怎样表演，比如老婆生了，老婆死了，中了彩票……尹天仇都做了各种表情来展示。这就是一种职业化的技能。无论从事什么职业，专业技能都是不可或缺的。员工都需要一定的技能才能完成相应的工作目标，越往基层，技能就越重要。员工只有具有一定的工作技能，才能使自己更加职业化。

4. 职业化的形象

形象，指的是外在的穿着、气质等。尹天仇在扮演死尸的时候，工作人员给他脸上涂上了一些颜料；在扮演神父的时候，就穿上神父的衣服。也就是说，要根据自己的角色来打扮自己的形象。人们在与陌生人接触的时候，外在形象是给人留下的第一印象，这非常重要，所以，职场中人一定要根据时间、地点选择适合自己的着装打扮与行为举止。“小太阳”李泽楷平时就是T恤加牛仔裤，还留了个板寸，一副互联网从业者的形象。然而，在与其他企业谈合作的时候，李泽楷便西装革履，特别庄重。

5. 职业化的道德

尹天仇有一次在扮演死尸的时候，众人因为打蟑螂而把躺在地上的尹天仇痛打一顿，但是尹天仇一直忍受，一动不动。后来，杜娟儿问他为什么，他说：“演一具死尸，只要导演没有喊卡，是不能动的。”尹天仇的敬业态度受到了杜娟儿的赞扬，并夸尹天仇专业。作为职场中人应该遵守职业道德，做到忠诚、服从、敬业、奉献等，这样才会让企业放心地任用自己，自己也才会得到良好的口碑。

职业化对公司、个人及职场招聘的重要性

职业化除了对公司和个人非常重要之外，对职场招聘也非常重要。所以，职业化是迈向事业成功的必备条件。

1. 职业化对公司的重要性

任何一个公司都要求员工更加职业化，因为职业化的员工更加具有竞争力。当然，不光是员工更加职业化，公司也必须更加职业化。公司的职业化，具体表现在公司的布局、装潢、物品陈列和公司的文化等各个方面。

当你走进一家公司，看到的是规划整齐的布局、适合客户的装潢和能够吸引客户的陈列商品时，你当然会心情比较愉悦，也愿意和这家公司合作。但是，若你走进的这家公司布局比较凌乱，装潢又没有自己的特点，陈列的商品又提不起你的兴趣，你还会愿意和这样的公司合作吗？所以，公司的职业化对于公司的利益影响是非常大的。公司必须做到职业化，才能吸引更多的客户，获得更多的利益。

2. 职业化对个人的重要性

职业化对个人的影响是最大的。职业化的员工会比其他的员工更有一种专业的气质，可以轻而易举地把竞争对手甩在后面。

举个例子，如果消费者想选购一套房子，有两个售房顾问过来介绍自己的房子。一个售房顾问穿着一尘不染的职业装，彬彬有礼。在详细问了消费者的要求之后筛选出了几套房子，并对这几套房子进行针对性的讲解。另一个售房顾问却只穿着便装，口若悬河地夸房子如何得好，消费者问什么问题该售房顾问都是一问三不知。你认为这名消费者会选择后者吗？

个人的职业化会使自己看起来更加具有胜任自己职位的能力，也会体现出个人价值。

3. 职业化对职场招聘的重要性

职业化对职场招聘同样是非常重要的。职业化是企业招聘员工非常重要的评判标准，若是招聘者本身不能很好地体现出自己的职业化，又怎么能要求应聘者职业化程度的高低呢？所以，在职场招聘中，招聘者更应该努力地展现自己职业化的一面，这样才能更有利于招募到人才。

职业化既然如此重要，这就要求每个员工更加努力地提升自己的职业化程度，如此才能令自己的能力更加突出，工作也会更加得心应手。企业也更加需要职业化的人才。

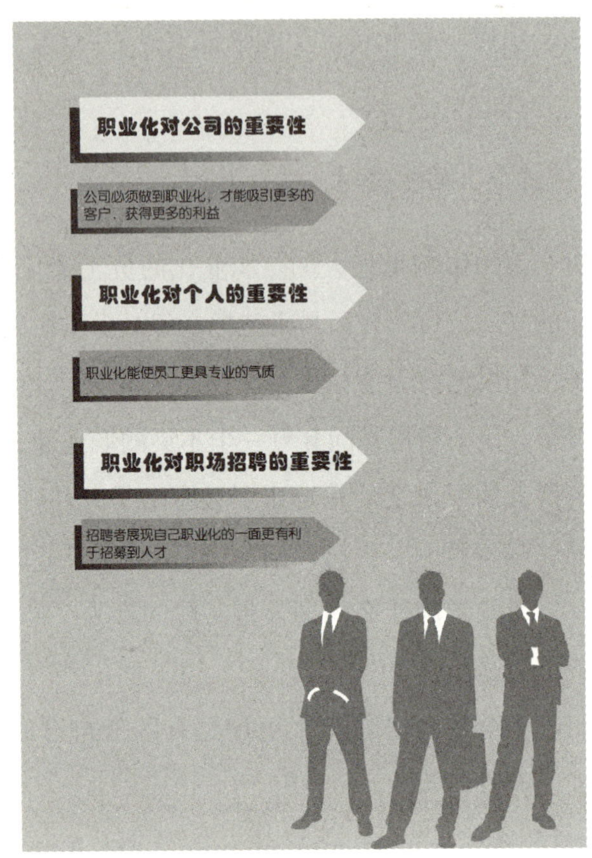

如何发现自身的不职业化

职业化对于每一个职场中人都是十分重要的。那么，如何做才能令自己变得更加职业化？首先我们必须能够发现自己身上不职业化的部分，这样才能够改变自己，让企业更加器重自己。

一般，不职业化的情况发生在职场新人身上的较多，所以职场新人更需要努力发现自身的不职业化。不职业化主要表现在，在工作中不知道用什么方式才能提升自己的工作效率，获得领导的青睐。

第　一　章

职场即修为，认知要趁早

职场直播间

张伟和刘晓敏同时去一家公司应聘中层管理人员的职位。张伟在大学时期曾经在这家公司实习过并获得了高度评价，于是很有自信。在面试那天，他发现面试官是自己以前的同事，就更加放松。面试官问他问题他也不认真回答，甚至还和面试官开起了玩笑。

刘晓敏是一位大学刚毕业的大学生，她十分重视这次面试机会。在去面试之前，她千方百计地找了许多该公司的资料来读，熟悉公司的运作流程和企业文化。面试当天，她特意穿了一身干练的职业装。由于在之前做了充分的准备，对于面试官的问题，刘晓敏总能用最合适的回答应对。她的从容和睿智给面试官留下了深刻的印象。

一段时间后，公司决定聘用刘晓敏。张伟很不服气，问公司为什么聘用刘晓敏。公司对他的解释是：他的表现很不职业化，而刘晓敏的表现更加职业化，公司需要的就是这种职业化的人才。

张伟在面试中虽然没有成功，但是经过公司给他的解释，他意识到了自己的表现是不职业化的。相信张伟在以后的求职和工作中就会注意这些细节，使自己的行为更加职业化。一般，使自己变得职业化的方法有很多，比如，经常性的自我反省、朋友的忠告和别人的对比等。

无论用怎样的方法，职场中人都应该时时注意发现自己的不职业化。因为只有这样，才能让自己更加适应目前的工作，才会让企业更加信任自己，才会体现出自己的个人价值。

员工职业化程度不高的原因

 职场直播间

张芸在一家百货公司里从事巧克力的推销工作。公司对员工的绩效并没有硬性的要求，只是要求员工在工作时间必须到岗。张芸每天的工作态度也都十分懈怠。

这天，张芸按时到岗后就在网上与好友聊了起来。有一个老太太过来看见刘芸，就问她："哪个牌子的巧克力比较便宜啊?"张芸头也不抬地说：“上面不都标有价格嘛！你自己看！”老太太就没说什么，自己走了。

一会儿，张芸又和别人煲起了电话粥，一对情侣来到了巧克力的柜组看到了张芸在打电话，小伙子刚要开口，旁边的小姑娘就说：“算了，我们去别家看看吧。”于是他们手挽手地走了。

离下班时间还有半个小时的时候，张芸又开始不停地看表，显得很焦急。一个中学生跑过来问她：“什么样的巧克力包装好看啊?”张芸没好气地说：“我们下班了，你明天再来吧。”

这些都被百货公司的王副总看在了眼里，王副总认为除了张芸的职业态度不好之外，与公司管理体制的不完善也有关系。于是，在本周的例会上，王副总在对张芸提出了点名批评之外，又提出了凭业绩拿薪酬的新体制，并对业绩不好的员工进行一定的惩罚。从这之后，公司的效益一直不错，张芸也对自己的行为进行了反省，改变了自己的行为。

张芸在工作中表现出的不职业化除了与自身的工作态度有关之外，也与公司的制度不够完善有关。一般来说，员工职业程度不高的原因在于公司制度和员工本身两个方面。

公司制度的不完善是造成员工职业化程度不高的原因之一，案例中的张芸就是因为百货公司的管理制度不完善而导致职业化的程度不高。案例里的王副总找到了根源所在，并制定了比较完善的制度。这样做的效果比较明显，张芸也在这个制度下工作，职业化程度获得明显的上升。从企业的角度看，只有拥有完善的制度，才能够让员工更加职业化，进而创造更多的价值。

对员工自身来说，也要有一个职业化的意识。很多职场中人认为无所谓，反正自己可以随便换工作。这种想法是极其危险的，因为无论哪个行业都要求员工有很高的职业化。而有的员工却由于自身的懈怠等原因而不愿意使自身的职业化程度变得更高。一个职业化程度不高的员工做任何工作都不会长久，到头来就会发现自己碌碌无为，一事无成。若是自己职业化不高，就要努力从自身做起，认识职业化的重要性，努力建立职业化的意识，逐步实现职业化。

其实，在职的员工也好、正在求职的人也好、管理者也好，都应该使自己的职业化程度更高，并且有提高自己职业化程度的意识。只有这样，才会使自己更具有竞争力，并且给自己和企业带来正面的影响。

第 一 章

职场即修为，认知要趁早

你有“职业化”意识吗

“职业化”是每个职场中人都须具备的最重要的竞争力。只有做到“职业化”，才能出色地完成自己的工作，才能体现出自己的价值。因此，职场中人应该培养“职业化”意识。只有具备了“职业化”意识，才能使自己真正地实现“职业化”。要培养“职业化”的意识，就要先区别开职业、专业和学业的概念，然后再培养意识。

职业：能以此为生的工作或活动

职场直播间

白宇最近一直为找工作而苦恼。作为一名刚毕业的大学生，白宇本来是对工作充满希望的。可是，在找了一段时间的工作后，白宇发现这些工作不是与自己的专业不对口，就是薪酬太低。眼看着自己的同学都找到了工作，自己却还在观望，再加上没有收入，生活压力越来越大。

有一次，白宇在参加了一次招聘会之后，又没有找到适合自己的工作。朋友问他：“难道这么多工作没有一个适合你的？”白宇说：

“大部分都是一些一线操作工的工作，难道让我堂堂一个本科毕业生去做流水线工人？”朋友说：“不是也有管理的工作吗？”白宇露出不屑的表情：“招管理人员的都是一些小公司，有什么发展前途！”他的朋友严肃地对他说：“像你这样挑来挑去，永远也找不到工作。你要知道，是你在找工作，不是工作在找你！如果你再不改变一下，你就等着饿死吧！”

显然，白宇并没有认识到职业是为了让自己糊口的手段，因此，他找不到工作。职业，是人能够借此为生的工作和活动。人们因为有自己的职业，才能够凭借工作得来的薪酬生活。案例中的白宇因为没有找到自己的职业，所以才会没有收入，生活压力越来越大。

每个人都必须有自己的职业，职业不仅能维持自己的生活，也是每个人体现自己个人价值的必要条件。中国职业规划师协会及中国职业规划第一品牌向阳生涯对职业是这样定义的：职业是行业与职能的交集点。一种职业应该包括行业和职能两个维度。即：职业=行业+职能。

除此之外，职业也是人们各自参与的社会分工。从这个角度看，职业还是一种社会责任。因此，职业是十分重要的，只有找到了自己的职业，并在自己的职业上做出应有的成绩，才能在完成自己社会责任的基础上体现出自己的价值，获得成功。

第 一 章

职场即修为，认知要趁早

专业：专门的学问、理解或业务

职场直播间

赵书在大学学的是计算机，毕业找工作的时候，他发现计算机专业的毕业生就业压力很大。碰壁了几次之后，赵书决定先找其他工作糊口。

在改变了想法之后，赵书很快就找到了一个英语培训老师的工作，负责给一些英语成绩较差的中学生补习英语。在刚开始做老师的时候，赵书觉得学生很不好管理，自己每天都工作得很累。在这样的状态下，赵书的工作效率很差。

后来，赵书改变了自己的看法，他觉得无论什么工作，只要努力都能做好。于是，他就努力向老教师请教教学方法，并且根据学生的学习态度和学习方法制定自己的教学方法。同时，他还利用课余时间和学生们沟通。经过这些努力，赵书找到了一个行之有效的教学方法。他所教学生的英语成绩提高得很快，而他自己也迅速成为该培训机构的金牌讲师。

最后，赵书成为了小有名气的专业英语培训老师，很多家长慕名而来请他给自己的孩子培训。

什么是专业？专业就是指某个行业长时期从事的具体业务作业规范。赵书在大学时期的专业是计算机，但是，他迫于生计而做了一个英语培训老师，而且在这个职位上做得很出色，最后成为了该培训机构的金牌讲师。因此，无论你以前在大学里学的是什么，经过一段时间的职业化工作，在以后都有可能成为一名职业化程度很高、专业能力很强的从业人员。赵书就是这样，专业在他这么一个计算机专业的毕业生的身上很好地体现了出来。

专业有五大特征：一是有一套系统的，支持其活动的理论体系；二是已被社会广泛认可，即社会对这种专门活动是接受的和高度评价的；三是该种活动具有专业权威，甚至专业能力成为该领域的重要评价标准；四是职业内部的伦理守则；五是这一职业群体形成了专业文化。

职场中人要以这些专业的特征为评判标准，评判自己是否更加专业。对于存在的不专业的地方，应该努力地去使自己更加专业化。一个人只有专业化，才能更加出色地完成自己的各项工作，并获得上司的肯定。无论什么样的企业都需要专业的人才，因此，人们在确定了自己要做什么事情之后，就要让自己的各种素质更加适合自己事业的发展，让自己更加适合自己的工作，这就是让自己专业化的过程。

学业：读完专业并合格，完成学业

职场直播间

吴思源是一个大四学生。他在大学期间觉得现在企业要求的是工作经验而不是自己的专业理论知识，于是，他决定通过兼职来积累工作经验，有时甚至逃课为自己积累社会经验。同学就问他："你经常出去做兼职，甚至逃课去，不怕学不到东西，不能合格完成学业吗?"他说："学业合不合格对我来说无所谓，我兼职是为了给以后真正毕业之后的求职热热身，为以后的正式工作做准备。"他的同学听他的这番话之后就没有再劝他，自己去学习去了。

后来，吴思源的同学在毕业之后凭借着自己在学校优秀的学习成绩很快就找到了合适的工作。而吴思源却由于学业没有合格，只拿到了学校的肄业证，在找工作的时候屡屡碰壁。社会上很多的职位都要求应聘人员具有极高的专业知识，而吴思源的求职之路却变得越来越窄。

吴思源由于没有及时地在大学中好好地完成自己的学业，导致步入社会后很难找到工作。无论从事什么行业，都需要一定的专业知识作基础。吴思源并没有很好地认识到学业的重要性。虽然在大学期间兼职获得了一些社会经验，但是没有学习好自己的专业知识，还是不能找到好的工作。大学本身就是学习专业知识的地方，吴思源却把这个时间用在了兼职上，这不是南辕北辙吗？吴思源的同学就知道专业学习的重要性，通过优秀的学习成绩，成功地找到了不错的工作。

学生在校的主要任务还是学习。学习是为了以后的工作做准备，是为了让自己的生活更有价值和意义，因而也包括为了获得未来工作所需的职业素养和职业能力。而职业，是学生生存和提升价值的平台。学生一直梦想能够通过努力来实现理想的道路，职业理想就是事业上达到何种成就的期望和追求。

其实，完成学业的过程也是自己职业化的过程。因为学习是为了让自己能够更加适应自己所从事的职业，所以应该努力学习，完成学业。有了优秀的专业知识，才能够在以后的工作中游刃有余。学习，是为了以后更好地工作。

同时，职业化意识也需要在学业中得到培养。由此看来，学业也是职业化道路上非常重要的一个组成部分。只有严格地完成学业，才能够让将来的职业化道路更加顺畅。

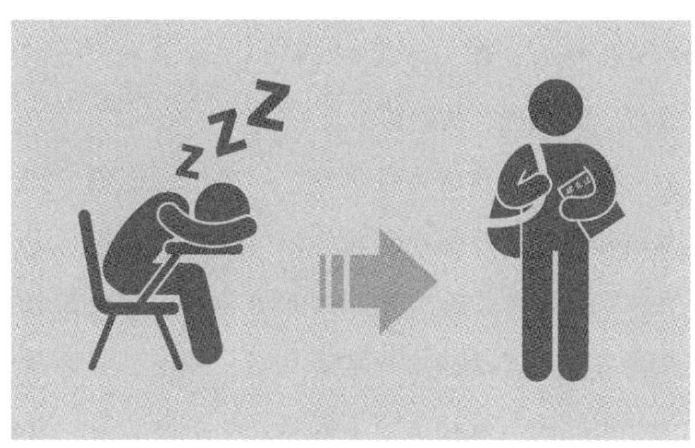

学习是为了让自己更幸福，同时为自己的职业做准备

意识：人在觉醒状态下的觉察

职场直播间

某著名公司向社会招聘软件工程师。虽然该职位只招一人，可是由于该职位的待遇优厚，并且公司的规模很庞大，还是吸引了许多人前来应聘。欧阳兴林就是其中之一。

公司把欧阳兴林等应聘者召集到了一起，对他们进行了一次笔试。大家都非常谨慎，每个人都认真地低头做着试卷。考完一段时间后，公司公布了成绩，欧阳兴林以99分取得了第一的好成绩。欧阳兴林十分高兴，觉得这一次肯定会成功，可是，公司却通知应聘者要再考试一次。欧阳兴林虽然不高兴，但还是去了。当试卷发下来后，应聘者发现这次考试的试卷竟然和上次完全一样，有的应聘者就直接问监考官有没有发错试卷。监考官不停地重复着："我只负责发试卷和维持考试秩序，其他的我也不知道！”欧阳兴林听了，也没管那么多，把上次的答案写了一遍就把试卷交了上去。成绩下来后，欧阳兴林依然是99分独占鳌头。然而，公司还是决定再考一次。试卷发下来后，不出意外，依然是一样的试卷。欧阳兴林想都没想，机械式地把答案写上去就交了。可是，这次却有一个叫作周芬芬的女孩和欧阳兴林并列第一，都是99分。不久后，公司宣布周芬芬被聘用。

欧阳兴林疑惑不解，就质问公司：“我每一次都是第一，为什么不聘用我？”公司对他说：“对于你的能力，我们深信不疑。但是，你看周芬芬的三次成绩分别是97、98、99，这说明她一直在进步，我们更需要这种员工。”

与欧阳兴林相比，周芬芬就更加具有职业化的意识，这也让她获得了公司的青睐。欧阳兴林虽然能力出众，但是不懂得完善自己，职业化意识不高，才在这次竞争中输给了后来居上的周芬芬。

实际工作其实就像案例里的做试卷一样，几乎每天都在重复。很多人都只是在机械地重复昨天的工作，职业化的程度不是很高。每天工作中都想着怎样才能更高效率地完成工作，并不断地进步，有意识地完善自己，才是职业化的表现。这样的人才才是企业需要的。

在能力、专业知识和态度都具备的情况下，职业化的意识就成了职场人更加专业的唯一因素，这需要不断地培养和锻炼。只要具备了这些条件，方能成为一个职业化的员工。

缺乏职业化意识	具备职业化意识
原地踏步	一直前进
没有创新	不断创新
无法体现价值	体现个人价值
不成功	成功

学习“职业化”的好处

当今社会，很多员工和公司都存在侥幸心理和短期功利的观念，只在乎自己和公司的效益，而忽略了自身的“职业化”。其实，只有“职业化”程度较高的公司和个人，才能够创造更大的价值。职业化程度和工作的价值是成正比的。“职业化”是公司和个人发展的必需要素，若是职业化程度不高，工作价值和社会贡献就会大大降低。

对单位的好处：增加利润

职场直播间

郭跃是一个模具公司的车床操作工。作为一个老员工，郭跃的职业化程度很高。在工作的时候，郭跃总是能一丝不苟地完成自己的工作任务。他也多次获得领导的表扬。

有一次，郭跃发现很多员工在制作模具失败后，那些失败的模具都随手扔掉，非常可惜。后来，郭跃发现这些模具还可以二次加工成更小的模具，这样就可以节约很大的成本，给公司节约很大的资源。他把这个好想法跟领导说了以后，领导非常高兴，继而在整个公司内推行这个做法，果然，月底结算财务的时候发现节省了很大一部分资金。后来，领导把郭跃提拔为了车间主任。

案例中的郭跃平时认真工作，职业化程度很高，这就已经能给公司增加很高的利润了。再加上后来郭跃又提出了很好的意见，为公司节省了非常多的资金，这也是为单位增加利润的方式。这样做当然能让领导对自己更加信任，从而重用自己。职场人就应该更加职业化，这样才会增加自己被领导重视的机会，从而更好地体现出自己的价值。

无论什么企业，其最终目的都是为了获利，而职业化能让企业更加有效地运作，并获得更多的利益。如果让你选择去消费，在资金充足的情况下，你会选择普通的企业还是选择世界500强？估计大部分都会选择后者，因为世界500强凭借自己的职业化获得了巨大的成功，所以消费者信赖他们，愿意多花一点钱在他们身上，从而获得更好的服务质量。可见，职业化不仅是企业所需要的，更是企业所必需的。

一个企业要想实现职业化，首先要做的就是从理念上让员工认识到企业职业化对于个人的成长是百利而无一害的，一个人的职业生涯规划必须与职业化的理念挂钩。一个人如果没有职业化的理念，你会发现他在工作中总会找这样或者那样的借口。所以，要改变员工的理念，让员工培养起职业化的意识。只有员工的职业化程度提高了，企业的职业化程度才会获得相应的提高。

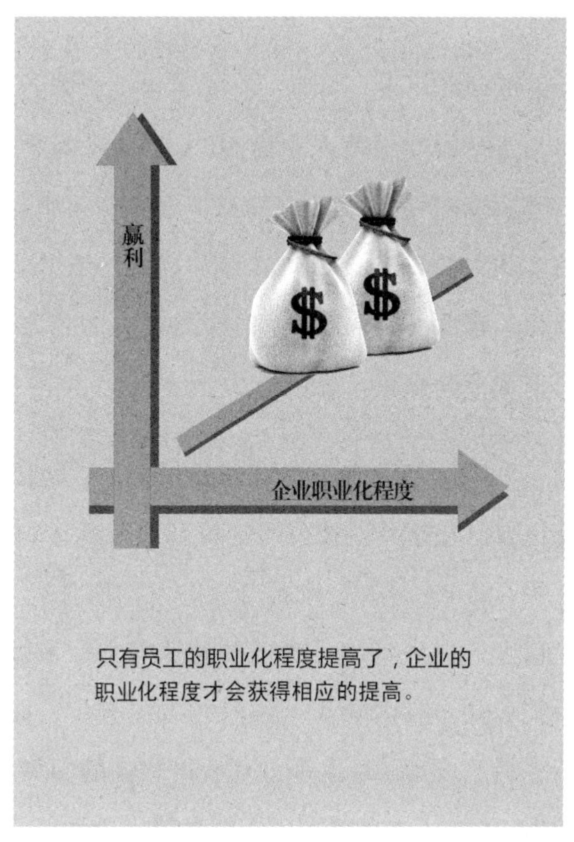

对个人的好处：提升就业力

 职场直播间

宋敏从小就对苹果、英特尔和微软等科技公司充满向往。在大学期间，她学习十分刻苦，就是为了能够进入这些科技巨头中的一家工作。可是事与愿违，国内的竞争压力太大，她感觉到自己很难进入这些公司，于是，宋敏做了一个决定，去美国读 MBA（工商管

理硕士）。

几年后，宋敏学成归来。对于一个有着留学背景的 MBA 人才是许多企业都想招募的，特别是在中国 MBA 学位还不完善的情况下，美国的 MBA 资质更加令一些大企业信服。于是，她很快就在惠普找了一份不错的工作，实现了自己的目标。后来，凭借着对科技行业的热爱，宋敏的工作做得越来越出色，最终进入到了惠普的管理层，成为了惠普的一名中级管理人员。

宋敏在读完大学后，没有直接进入公司工作，是因为宋敏的职业能力还不能让自己在这些科技公司中找到一个满意的职位。所以，她选择了去美国读 MBA，这是她对自己的一次职业化程度的提高。最后，职业化程度的提高带动了自己的就业能力，宋敏最终进入了自己心仪的科技公司。在公司里，她没有放缓脚步，而是继续自己的职业化道路，最终成为了一名职业化程度很高的中级管理人员。

赴美读 MBA 也好，在惠普中工作越来越出色也好，都是宋敏对自己职业化程度提高的过程。这些经历也提高了宋敏的就业力，使宋敏能够把竞争对手甩在身后，从而成就自己的事业，实现自己的人生价值。但是，也应该注意到，高学历虽然在宋敏成功的道路上有一定帮助，但并不是宋敏成功的唯一原因。

职业化可以将自身的职业技能提高到一个新的水平，将自我管理的能力提升到一个新的层次，从而在合理安排工作、自我调节以及团队协作等方面得到增强。这样，就可以使自身的综合素质获得提升。工作的时候，不再过多地依靠领导的安排，而是将一系列的工作组织得井井有条，并能与同事之间形成良好的协作关系，从而形成一个团队，更好地完成工作。那么，个人在工作过程中就会摆脱被动，工作起来就会更加轻松，也就可以在团队中成长为核心力量，形成一个良性循环。所以，职场中人只有把自己的职业化程度提高了，才能够轻松地击败自己的竞争对手，让自己获得成功。

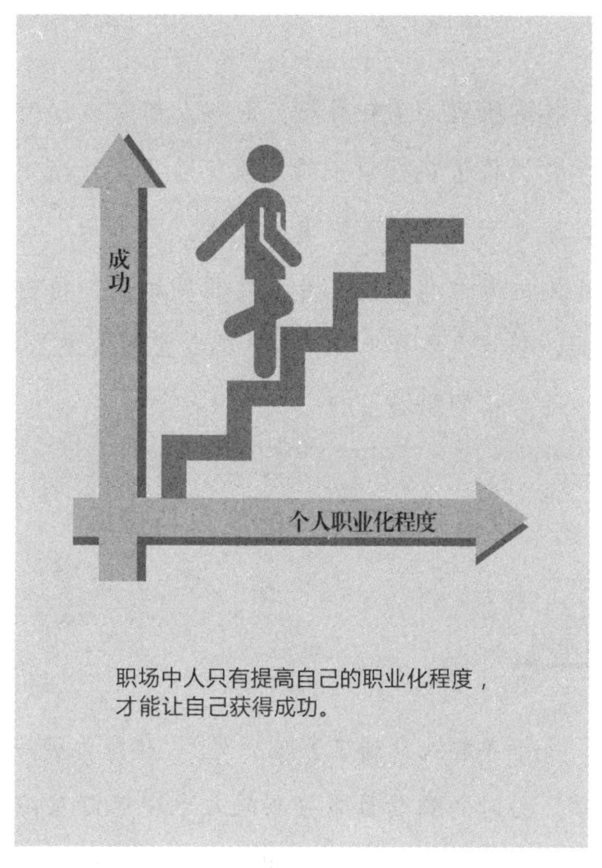

发现自己的不专业

俗话说，尺有所短，寸有所长。每个人都有自己独特的素质和能力，从多元化的价值观视角来看，孰优孰劣无法断定。然而，从一个人从事的职业来看，就能够看出优劣。因为一个人从事的职业标准就是这个人的专业化程度。专业化程度越高，越能够创造更多的效益。因此，职场人要善于发现自己不专业的地方，并努力改正，才能使自己成为合格的职场人。

收集并整理客户的意见与投诉

职场直播间

有一次，一个年轻人来到了奔驰公司。“我想要买一个小轿车。”他说的很简单。当时的销售员带领年轻人参观了厅里陈列的100多种型号的车之后征求他的意见。年轻人却说：“还有没有其他的颜色?”销售员吃惊地说：“先生，这几十种颜色中都没有你中意的吗?”年轻人说：“我想要一辆灰底黑边的轿车。”销售员心想：这个顾客也太挑剔了。就对年轻人说：“很抱歉，没有您想要的那种车。”

这件事被老板卡文·本茨知道了，他狠狠地批评了销售员，并要求销售员找到那个年轻人，告诉他两天后来取车。

两天后，当年轻人再次回到公司的时候，果然看到了他心仪的那种车。但是年轻人却说：“这不是我想要的规格。”“那你想要什么规格?”年轻人说出了自己想要的规格后，售货员告诉年轻人三天后取车。

又过了三天，年轻人来了，看到了自己想要的车自然非常高兴。然而，在开着车试跑了一圈之后，他对销售部主任说：“要是能给车里安个收音机就好了。”当时汽车收音机刚刚问世，应用并不广泛。但是，销售经理还是让年轻人下午取车。最后，年轻人终于看到了自己想要的汽车，高兴地开着车走了。

只有在对一件事情有一定的认识和了解后，才能够对这件事情提出意见。奔驰对待客户如此耐心地收集意见并改正说明了公司对客户的尊重和对工作的负责任，这也是奔驰之所以能成为世界最好的汽车厂商之一的秘诀。对于当时奔驰的老板卡文·本茨而言，也展示了他很高的职业化程度。职场中人也是一样，只有虚心地听取他人的建议和意见，在发现自己不专业地方的同时，也能给人留下一个敬业、谦虚的形象，进而提高自己的职业化程度。

客户能对自己提出意见和建议，本身就是对自己的信任。若是客户对自己有意见，完全可以一走了之，不闻不问。那么，对于客户的意见和投诉，应该怎么处理才能让自己更加职业化呢?

对于客户的意见和建议，首先，要有一个虚心的态度，不管客户的意见和投诉是很有用的还是用处不大的，都仔细地听取。其次，要做到对客户的意见和投诉收集并整理。这样就能系统地知道自己哪些方面做得还不到位，还需要改进。最后，根据客户的意见和投诉进行实质性的改进。

客户的意见和投诉从某种意义上来说是一种资源，利用好这项资源，职场人就能发现自己不够专业的地方，通过自己主观地改变，强化自己的弱项，就能够很快地赢得客户的心。客户得到了，工作效率自然就会得到提高。不管是自己，还是团队都能够得到很好的收益。

征求第三方的想法

职场直播间

金汉森是一家销售公司的销售人员。最近，他总是受到领导的批评，这让金汉森很是苦恼。

事情是这样的，金汉森为了赢得更多的客户，无论在什么时候，只要客户需要，他总是快速赶到和客户约好的地方。比如有一次，领导正在和员工们开会，金汉森突然接到一个电话后立即就赶了出去和客户见面。虽然之后金汉森向领导做了解释，领导还是批评了他。金汉森既委屈又困惑，难道自己为了公司的利益奔波还错了？

后来，他把自己的困惑和一个比较有经验的朋友说了。他的朋友耐心地听完后告诉他：“你应该把自己的工作做一个规划。什么时间用来打电话联系客户，什么时间用来和客户谈判，什么时间用来做别的工作都规划好，这样工作效率才会高，才不会受到领导批评。”金汉森觉得很有道理，于是他把自己的工作时间做了一个很详细的规划，该干什么的时候就干什么。果然，不仅没有再受到领导的批评，反而自己的业绩越来越好了。

俗话说，当局者迷，旁观者清。寻求第三方的意见总是能找到问题所在，这是非常重要的。比如案例中的金汉森，他向朋友寻求建议之后，他的朋友就给了他非常正确的建议，让金汉森最终没有放弃，顺利地留在了公司。由于第三方独立于工作之外，所以能看到人们看不到的地方，因此，经常能发现问题的所在。

每个职场人都要经常征求第三方的想法。第三方可以是自己的朋友、亲人或者是供应商等。由于他们并不接触你的工作，所以往往能够提出一些非常客观的意见。这些意见自己是很难发现的。第三方的意见能在很大程度上帮助自己更加专业化，从第三方来吸取意见非常重要。

第三方的意见在很多方面都会是比较客观的。职场人可以在平时的生活中和朋友、家人或供应商聊聊工作的事情，遇到比较头疼的事情请他们出一出主意，或者让他们提提建议。或是在工作出现困惑的时候，给家人、朋友打个电话，征求一下他们的意见。在聚

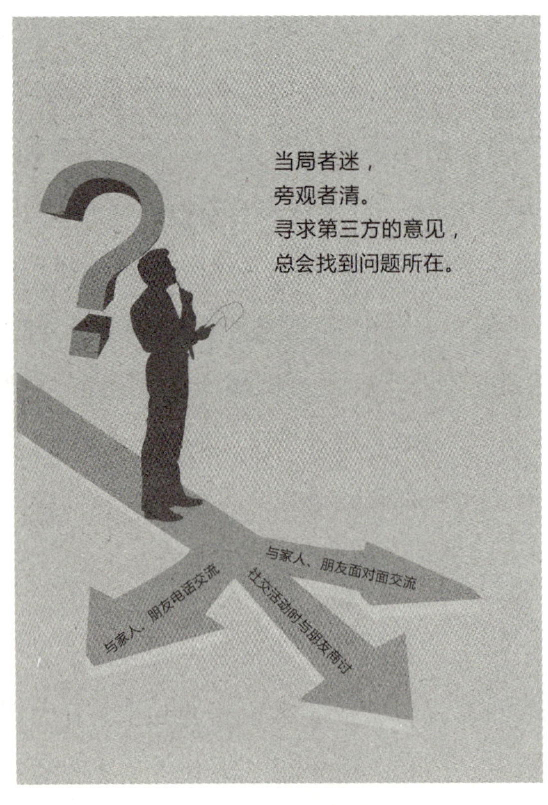

会等社交场所也可以把自己的工作问题提出来和朋友们商讨一下。这样就能够正确地找到自己工作中不容易发现的不够专业的地方。

在征求第三方想法的时候，态度一定要诚恳。这样，对方才会真心实意地把对你的意见诚实地告诉你。在得到了第三方的想法之后，要审视自己，看自己是否需要做出什么改变，然后再根据自己的需要做出改进，使自己在工作中更加专业。

与竞争对手交流，向他们学习

职场直播间

P 公司是主要从事空调销售的公司，最近，P 公司的区域经理被调走了，公司决定从内部提拔一个比较出色的员工来担任这一职位。最有可能的就是张笛和许芷。

张笛和许芷各有千秋，一直都是公司里销售业绩的佼佼者。张笛比较喜欢讲解自己的产品的优点，而许芷则更喜欢用另外一种方式和客户沟通。张笛对于这个竞争对手很是头疼。后来，她发现了许芷的一个特点：许芷很擅长针对客户的喜好来博得客户的好感。比如，有一个客户很喜欢茶道，许芷就花了几千元到茶道速成班去学习茶道，最后那个客户很喜欢许芷，就和 P 公司签订了一份很大的合同。张笛就决定要向许芷学习。

后来，公司有一个很挑剔的客户，张笛和许芷都想把这个客户给搞定，以提高自己的业绩。张笛在仔细研究了客户资料后发现这个客户很喜欢李宗吾的学说，就买了很多李宗吾的书籍进行研究。

在和这个客户谈生意期间，她兴致勃勃地和客户谈起了李宗吾，再加上自己本来就很好的谈判技巧，最终赢得了这个客户的青睐，与其签订了一份很大的合同。果然，凭借着这个合同的优势，她最终成功把许芷甩在了身后，被公司提拔为了区域经理。

竞争对手并不是一定要拼得你死我活，在很多时候，在竞争对手身上也可以找到一些我们需要的东西，这是很有必要的。张笛之所以最终顺利升职，就是由于他善于向竞争对手学习，并在学习的基础上加上自己的东西，最后才获得了巨大的成功。

有一句话很流行：欣赏别人是为自己铺路。懂得欣赏别人，才能更多地发现别人的优点，从他们身上汲取到提升自己的能量。他既然能成为你的竞争对手，就一定具有许多自己所不具备的优点。在对待竞争对手的态度上，如果没有一个宽广的胸怀，不能正确看待和处理与竞争对手的关系，那么道路只能是越来越窄，最后走上自我封闭、自我淘汰之路。很多时候，竞争对手能想到我们想不到的，能做到我们做不到的。抱着欣赏竞争对手、向竞争对手学习的心态，学习竞争对手的长处，这样就可以提高自己，最后战胜竞争对手，走上成功之路。

而且，人与人之间虽然存在着竞争关系，但是我们要看到更多的合作关系。看到竞争对手做的比自己做的要好，心里酸酸的，这是正常的心理反应，但一定要坦然面对，要学会应付这种局面。要善于从竞争对手身上学习优点，并在自己的工作中加以应用，从而超越竞争对手，成为职场竞争中的胜利者。

与竞争对手交流和学习的时候，要做到：和竞争对手搞好关系，经常沟通，是对手更是朋友；努力发现竞争对手的优势所在；学习竞争对手的优势，并向他请教。

通过和竞争对手的交流而向他学习，使自己更加专业，更加具有竞争力。这是职场中非常行之有效的方法。面对竞争对手，千万不能只顾竞争，更要学习。这样，才能使自己的未来之路更加广阔。

面对竞争对手，千万不能只顾竞争，更要学习。

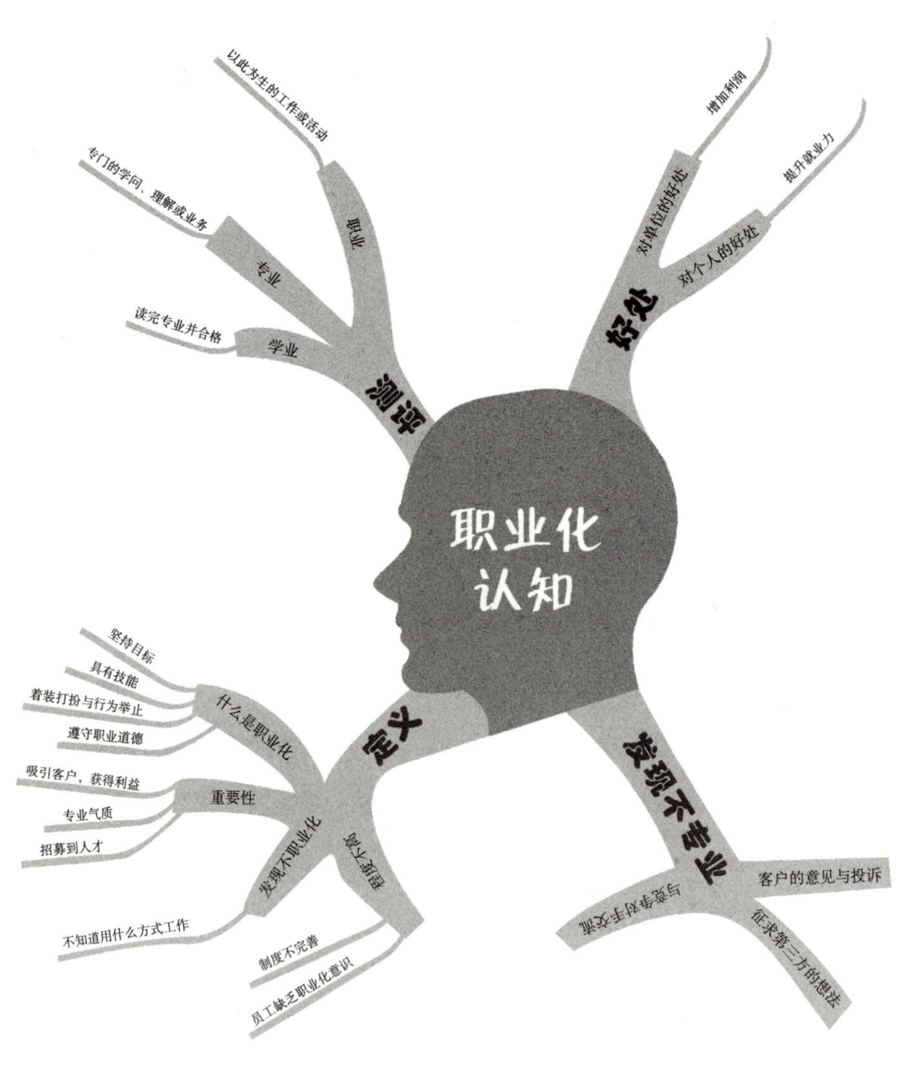
职业化认知
词汇
职业
以此为生的工作或活动
专业
专门的学问、理解或业务
学业
读完专业并合格
好处
对单位的好处
增加利润
对个人的好处
提升就业力
定义
什么是职业化
坚持目标
具有技能
着装打扮与行为举止
遵守职业道德
重要性
吸引客户，获得利益
专业气质
招募到人才
发现不职业化
不知道用什么方式工作
阻碍因素
制度不完善
员工缺乏职业化意识
发现不专业
客户的意见与投诉
与竞争对手交流
征求第三方的想法

第二章

态度决定一切

——职业化态度修炼

第 二 章

态度决定一切

职业化态度测试

职场中人需要拥有职业化的态度，只有拥有一个良好的态度，才能够在工作中展现出自己的风采，体现出自己的价值。无论是企业还是所在的职位，只要态度正确，都可以成为自己人生的舞台。修炼职业化的态度虽然不简单，但却是职场中人的必修课。

测测你心态的阳光指数是多少

请根据自己的实际情况认真回答下面的问题，然后再根据后面的分析对照自己的成绩，测出自己心态的阳光指数。（评分标准：每一题选 A 得 5 分，选 B 得 3 分，选 C 得 1 分，选 D 得 0 分。）

1. 下列属于工作好习惯的是？（　　）

A. 接到任务马上就干　　B. 慢慢工作，最后一天再交上去

C. 最后一天再着手，激发最大潜力

D. 从前往后做，不制订计划

2. 你认为以下哪种生活方式对自己有利？（　　）

A. 只是活在当下　　B. 活在过去和当下

C. 活在当下和未来　　D. 活在过去和未来

3. 你认为什么是多元化成功？（　　）

A. 超越自我、精神富足、帮助他人

B. 金钱、权力、幸福家庭

C. 金钱、地位、名誉

D. 吃得好、住得好、穿得好

4. 你认为下面哪一种人最幸福？（　　）

A. 知道自己幸福的人　　B. 会计划的人

C. 空闲时间最多的人　　D. 最有钱和权的人

5. 若是你被领导狠狠地批评了，你会作何反应？（　　）

A. 领导指出了我的不足，我一定改正

B. 对领导的话左耳朵进右耳朵出

C. 领导故意找我的碴儿，他再批评我就不干了

D. 与领导直接发生冲突

6. 生命的质量取决于什么？（　　）

A. 每天的心态　　B. 知识水平的高低

C. 物质财富的多少　　D. 地位的高低

7. 在你空闲的时候你会怎样打发？（　　）

A. 旅游、运动　　B. 补觉

C. 和朋友逛街、购物　　D. 坐在电脑前不停地玩

8. 你认为责任意识主要体现在哪些方面？（　　）

A. 敢于担当，自愿付出　　B. 富有责任心，从不推卸责任

C. 敢于担当，从不忍让　　D. 自愿付出，任劳任怨

9. 一个和你不是很熟的同事过生日，你会怎么做？（　　）

A. 给他精心挑选礼物，趁此机会结交他

B. 随便给他买一件礼物

C. 和其他同事一起混进他的生日聚会，不玩白不玩

D. 不管不问

10. 当别人提出你不愿接受的条件时，你会怎么做？（　　）

A. 委婉地拒绝他　　　B. 当作没听见，岔开话题

C. 当场告诉他，我不想做　D. 不好意思拒绝，勉强接受

11. 当自己的事情没有做好时，你会有什么样的心情？（　　）

A. 认真反省，争取下次不再犯

B. 十分惶恐，怕领导怪罪

C. 无所谓的态度　　　D. 否定自己，郁郁寡欢

12. 下班后，同事们一起出去玩，你会如何做？（　　）

A. 趁机扩大自己的社交圈　B. 没心没肺地和他们疯玩

C. 虽然也和他们一起去，但是自己只是低头玩手机

D. 根本就不去

13. 若你是个资格较老的员工，你对待新员工的态度是？（　　）

A. 主动帮助他　　　B. 新员工若是求助就帮助他

C. 新员工给你一些好处你才帮助他

D. 不管不问

14. 你认真努力工作很久，领导并没有表扬提拔你，你会如何？（　　）

A. 找个机会让领导看到我的努力

B. 继续努力地工作，是金子总会发光

C. 松懈下来　　　D. 认为领导有眼无珠

15. 你每天上班时是否有迟到早退的现象？（　　）

A. 从来没有　　B. 极少数

C. 有时候有　　D. 经常有

16. 领导最近总是给你很困难的工作，你会怎样认为？（　　）

A. 领导在考验我　　B. 我被重用了

C. 管他呢，领导让我做什么我就做什么

D. 领导在为难我

17. 你的同事对你说他临时有事，让你帮他代一下班，你会怎么做？（　　）

A. 自己完成了工作就可以　　B. 借故推托

C. 看和他的关系，关系好就代

D. 绝对不会帮他代班

18. 你认为下面哪一项不是好的工作习惯？（　　）

A. 经常加班　　B. 工作之前不制订计划

C. 遇到困难自己解决　　D. 工作做完后检查一遍再交

19. 当你非常专心地工作时，有人打断你，你会作何反应？（　　）

A. 心态很平和　　B. 对他态度冷漠

C. 欢迎他　　D. 非常恼怒

20. 你觉得你会在下列哪个团队中最如鱼得水？（　　）

A. 制度严格，每一件事都要做得有意义的团队

B. 经常会展开激烈辩论的团队

C. 领导一个人说了算的团队

D. 很随意，无拘无束的团队

评判标准

分数区间	对应心态	具体表现
0～30分	十分消极	每天浑浑噩噩，做什么事情都提不起精神
31～60分	比较消极	做事情没有目标，有些易怒，每天总是觉得很累
61～80分	比较积极	对工作比较上心，能给自己定下目标
80～100分	十分积极	对工作有个很好的规划，乐观，每天感觉精力充沛

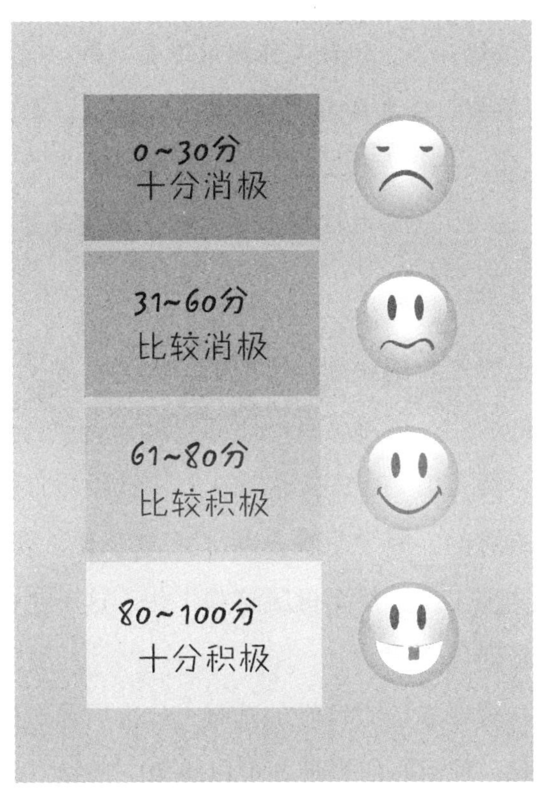

情景模拟：我们够用心吗

用心，是一种严谨的工作态度，或者说，是最起码的职业道德，也是身在职场最基本的要求。你可以能力低于别人，但是如果你连用心工作都做不到，那你真的就已经面临很大的危险了。

如果你处在以下的情境中，你会选择怎么做？

你急于找到一份工作糊口，但是眼下只有一家公司愿意聘用你并且他所提供的职业你并不喜欢，你会怎么做？

A. 会接受这份工作，但是工作积极性并不高

B. 压根就不去，宁愿再去找其他的

C. 接受工作，并努力改变自己，适应这份工作

D. 先接受这份工作，把这份工作做好，等获得老板重用后再找机会调到自己喜欢的部门

很显然，上面的B选项是不可取的。因为世界上不可能每个人都能找到合适的职业，更何况自己还在等着糊口。生存的问题赤裸裸地摆在面前，哪有工夫还去挑来挑去？A选项看似是一个权宜之计，但是也是不对的。因为只要从事了一项工作，就要用心去做，即使你不喜欢这项工作，甚至讨厌这项工作。这不是企业和老板的错，要改变的是你自己。

C选项和D选项都是比较好的选择。C选项通过改变自己而适应这份工作，是一种用心的表现。可以想象，选择C选项的人一定能够在这个职业上做出很好的成绩。而D选项也同样是一个很好的

办法。通过对自己的职业的用心而受到老板的重用后，再根据自己的需要进行适当的调整。这样既找到了自己最初心仪的职业，又在另外一个职业上积累了经验，可谓是一举两得。

很多时候，职场人要考虑的并不是自己要做什么，而是自己应该以什么样的态度来对待自己的工作。在工作中严格要求自己，用心地投入到工作中去，争取做到最好。无论薪水多少，职位高低，都应该保持这样的工作作风，如此才会获得别人的认同，创造出属于自己的精彩。

如何才能做到真正的用心

在企业中，无论担任什么职务，有一个最根本的基础，就是用心把本职工作做好，这是一种责任，也是价值所在、信念所在。要做到真正的用心，主要从以下三个方面入手：一是要保有一颗责任心，用负责的态度去做好工作中的每一件事，不放过工作中的每一个细节；二是要保持对工作的热忱，这样才会有工作的动力；三是要懂得反思和感恩，在不断实践的过程中反复积累和思考，并懂得及时回馈。只有在工作中做到真正用心，自己的价值才能在工作中得到充分的展现。

培养责任心态，为自己而不是上级工作

 职场直播间

受到金融危机的影响，鲜花行业很不景气，许多经营鲜花的公司都纷纷倒闭了，找工作的人也不愿意进入此行。F鲜花公司内的员工看到鲜花行业不景气的现状后，都感觉到F公司肯定也会和其他鲜花公司一样最终倒闭，所以工作兴致都不高，公司内部死气沉

沉，只有销售部一个叫作郭炎的小伙子例外。

郭炎认为，自己既然在这个公司里面工作，就要把自己的工作做好。于是，在别的员工都不是很积极的情况下，郭炎每天都忙进忙出地跑业务、拉客户。果然功夫不负有心人，郭炎的努力让他为公司接到了一批订单，领导非常高兴。在郭炎努力工作的时候，有一些员工却在暗地里嘲笑他，心想："反正公司早晚要关门，你还这么努力，公司又不是你家开的，真傻!"

结果，在郭炎的努力下，再加上市场有些回暖，F 公司并没有倒闭，反而越做越好。一个月后，公司对员工进行了大裁员，那些嘲笑郭炎的员工都上了"黑名单"。而郭炎由于业绩出色，受到了公司的重用，被提拔为销售部经理。

一个员工的工作做得好坏，最关键的一点就在于是否拥有责任心，是否认真履行了自己的责任。郭炎因为自己的责任感最终被公司重用而提拔为销售部经理，实现了自己的价值。那些原来嘲笑郭炎的没有责任感的员工最终被公司扫地出门。当一个人意识到自己的责任并承担起责任时，可以使人变得坚强，促进自己发挥潜能和能力。

同时，责任也可以改变员工对待工作的态度，而对待工作的态度决定着员工的工作成绩。一个人工作的责任心是很重要的，首先，要做到工作上尽职尽责，一丝不苟，只有有了责任心，才会在工作中如履薄冰地对待每一项工作，竭心尽力，唯恐有半点差错。其次，要不断地加强学习，提升自身素质，让自己的工作能力更强，做出的工作更加出色。最后，在遇到困难的时候要坚持下去，努力克服。

要知道，工作是为了自己，而不是为了上级。员工在对自己有一颗责任心的前提下，才能做到立足岗位、踏实工作。

责任是通往成功道路上必不可少的因素之一。

自动自发，以结果为导向

在企业中，常常是领导下达一个工作任务要求员工去完成。过一段时间后，领导也是只看结果，不在乎过程究竟是怎样的。在这种情况下，员工就需要一切以结果为导向，用最有效的方式主动争取完成自己的工作。在以结果为导向的团队中，员工只有做到以下几点，才会做到很主动地建立起一切以结果为导向的意识。

1. 以达到目标为原则

员工要始终保持以达到目标为自己工作的原则，不畏困难所阻挠。在工作中，始终牢记自己的工作要做出成绩，遇到困难的时候依然能够持之以恒，一直把自己的工作做下去。这样才能达到自己的工作目的。

2. 以完成结果为标准

不为自己的工作找任何理由和借口拖延和拒绝。在日常工作中，上级只会以员工的工作成果来作为对员工的评判标准。所以，员工要建立万事无借口的工作作风，严于律己，对于工作任务，无借口地按时保质保量地完成。

3. 对自己严格要求

在目标面前是没有什么体谅和同情的，无论发生什么事，你原来定的目标依然在那里。只有严格要求自己，才能够锻炼出自己的毅力，做出优异的成绩。

4. 主动去做自己的工作

既然是上级给自己安排的工作，不管怎样拖延还是要自己去完成。既然如此，还不如自己主动地去做自己的工作。这样可以更有效率地完成自己的工作。建立起自己主动完成工作的意识，会让自己能更加快速地朝工作目标迈进。

5. 懂得坚持下去

在企业中，当遇到一些不可避免的困难和看似很大的挑战时，往往有的人第一反应是赶快找自己的上司或者和自己关系比较好的领导诉说目前的困难，希望能够减轻任务量，或者进行推脱，心里暗自想着，把这些任务分给其他人才好呢。有这种想法的员工就是不能坚持下去，没有以结果为导向的意识。他们的工作肯定没有效率，很快就会被淘汰。只有坚持不懈，才能够完成各项工作。

6. 合理管理自己的时间

在上级给员工下达工作任务的时候，总是会限制时间。而这些完成工作的时间员工应该仔细地统筹计划。这样，才能在规定的时间里最大限度地发挥出自己的能量，完成自己的工作。

要明确知道自己工作的目的就是工作结果，而以结果为导向的思维才能够避免许多不必要的东西来打扰到自己的工作进度，从而更加有效率地完成自己的各项工作。

细心工作，追求完美

职场直播间

罗静最近升职了，对于这个女孩的成功，公司里的同事都没有任何惊讶。大家甚至认为，以她那样的工作态度早就应该升职了。

说起罗静，她可是全公司有名的“完美主义者”，每次领导派给大家任务时，其他人要么嫌工作量大，要么不停地抱怨，要么干工作拖拖拉拉的。而罗静在接到任务后从来不抱怨，她认为这是锻炼自己的机会，欣然接受。有一次，领导让罗静做一个财务报表，罗静接了任务之后把公司的财务涉及的每一个数据都反复地核对了好多次，在做好了报表之后，她又反复检查，确保准确无误之后才交了上去。后来，领导惊奇地发现，在满是各种数据的财务报表中，没有一个数据出现错误，这在公司还是史无前例的。于是，在公司例会上，罗静受到了表扬。

罗静常说："有准备才会成功，抱着追求完美的工作态度，争取每一次的成功！"正是她这种认真负责、追求完美的作风使她在职场有了新的发展，最后成功晋升。

在上述案例中，罗静因为自己的完美主义倾向，保证工作结果的工作态度得到了公司的认可，从而在职场上有所进步。相信凭借这种态度，她还会越走越远。追求完美的态度不仅能为自己创造机会，也会得到周围同事的认可和尊敬。

西昌卫星发射中心有一句著名的格言："把想的都做到，把做的都做对。"这就是追求完美的工作态度的具体体现，也是西昌卫星发射中心能够圆满完成一个又一个重要的发射任务的原因所在。在激烈的职场竞争中，相同的条件下，当然是事情做到最好才能有获胜的机会。

要想把工作做得比较完美，就要从以下三个方面做起：

1. 广泛收集资料，做好准备工作

员工必须充分了解公司对于工作成果的要求，按照这些要求决定自己的工作方法。同时，收集资料，对自己的工作有一个比较充分的认识，并做好计划。同时要准备一份预防不合格的方案。

2. 工作过程中严格奉行完美的标准

在工作中要做到用心、细心，即使发现很细微的错误，也要本着追求完美的心态改正。

3. 反复检查，在完成工作之后仔细地把工作成果做一个检查，保证完美无缺

在工作中要更加细心，在完成工作之后反复检查，找出自己做得不好的地方，然后努力地改正。这样才能把工作做得更加完美，才会让上级看到自己的努力，获得上级的赏识和重用。

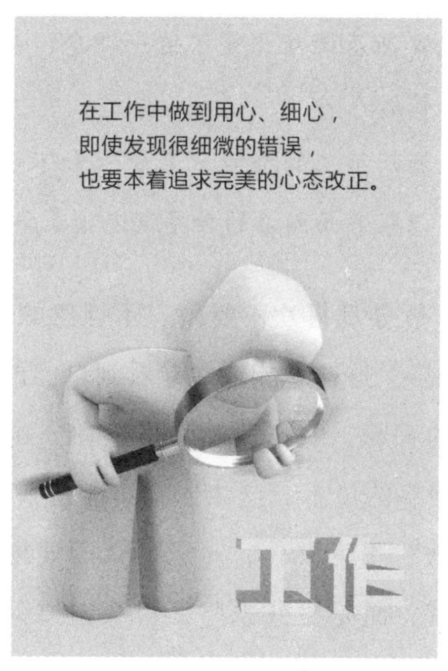

努力“表现”，不辩解不抱怨

职场直播间

德国著名的豪华连锁酒店凯宾斯基酒店是欧洲历史最悠久的酒

店之一，该酒店以提供皇家管理式的服务而闻名全球。对于酒店内部员工的培训，凯宾斯基一直遵循着让员工“不抱怨”的原则而只看重员工的服务结果。

对于凯宾斯基酒店来说，“礼宾”一词尤为重要。他们的员工被要求在任何时候都做好准备以对客户的要求作出反应。对于凯宾斯基的员工来说，结果比什么都重要。当其他酒店对“礼宾”这一服务降格的时候，凯宾斯基酒店重塑了这一理念，确保了酒店能够最大限度地重视每一位客人。

就是凯宾斯基酒店员工的努力“表现”和不辩解不抱怨的表现让凯宾斯基成为了以服务而闻名的世界级连锁豪华酒店。

任何情况下，领导都喜欢不辩解、不抱怨的员工。除此之外，还要适当地“表现”。这样才能让领导看到自己的能力，从而脱颖而出，获得领导的青睐。凯宾斯基的员工在公司的管理理念下成为了不辩解和不抱怨的员工，这才让凯宾斯基获得了巨大的成功。还有“中国达人秀”里的刘伟，对于命运的残酷，失去了双臂的他没有抱怨和辩解，而是身残志坚，用双脚弹钢琴，弹奏出了一曲生命的乐章，令人动容。其实，只要努力“表现”，不去抱怨和辩解，职场人一定能够提高自己的职业化程度，成为非常成功的职场人。

著名的西点军校中有一个规定：每个学员在教官问话时只能用四句话回答，分别是“报告长官，是！”“报告长官，不是！”“报告长官，不知道！”“报告长官，没有借口！”就是在这种严格的、禁止辩解的环境下，西点军校训练出了一批又一批优秀的士兵。企业也是一样，领导派给的任务即使自己抱怨、辩解也不会有人来帮你完成，反而会给人一种自己工作能力很差的印象。

除此之外，一直默默无闻地工作，领导也是不会看到你的工作能力的。因此，员工应该适时地展现出自己的能力，让领导看到。这样，领导才会知道你有这种能力，才会重视你，甚至提拔你，所以，努力地“表现”也是员工要做到的。

时刻怀着感恩的心

职场直播间

美国前总统富兰克林·罗斯福是一个时刻心怀感恩之心的人。有一次，罗斯福家里失盗，被偷去了很多东西。一位朋友知道后，很担心他会受这件事影响而情绪低落，急忙写了一封信安慰他。

罗斯福看了信之后，在给他的回信中说："亲爱的朋友，很感谢你来信安慰我。我现在一切都好，感恩上帝。这是因为，第一，盗贼只是偷走了我的东西，没有伤害我的生命；第二，盗贼并没有把我所有的东西给偷走；第三，最值得庆幸的是，做贼的是他，并不是我。"

无论对谁来说，家中失盗都是一件不幸的事情，但是罗斯福却找出了三条感恩的理由，令人钦佩。

在家中被盗之后，罗斯福没有像其他人一样抱怨，而是试着去感恩。就是这种懂得感恩的心，让罗斯福变得坚强，使他成为了美国历史上最伟大的总统之一。在国外，很多企业总能保持非常旺盛的生命力，很大一部分原因就是因为企业的文化中感恩是非常重要的一部分。感恩节也是西方最重要的节日之一。

有人认为，现在的职场人有四大病毒，即对人不知感恩、对己不知克制、对事不愿尽力、对物不懂珍惜。懂得感恩，对于职场人来说是很重要的素质。在家庭中，一个懂得感恩父母及其他家人的人，会得到更多的幸福、快乐和健康；在职场中，一个懂得感恩的人，才能成就生命和事业的高度。事实上，员工对企业忠诚受益的绝不仅仅是企业，还有就是员工自己。因为如果一个人有很强的责任感，那么他就很容易受到别人的尊重和信赖，可以被委以重任。对于很多人来说，感恩就意味着与公司同舟共济。若企业是一只大船，那么员工就是船工，只有伸出双手，让很多支桨一起使劲，大船才能够劈波斩浪，勇往直前。

总是抱怨的人每天都过得很糟糕，因为他只看到了别人对自己的种种不对，而没看到自己糟糕的原因。而懂得感恩的人却能时时看到自己所拥有的，生活中也更加积极。感恩是一种美德，是一种态度，是一种信念，是一种情怀，更是一种使命。时刻怀着一颗感恩的心，才能做到乐业，才能够在工作中找到乐趣。这样的人工作效率也会比其他人高很多。

一个有着感恩心的员工，会执着而无私，博爱而善良，敬业而忠诚，富有责任感和使命感；一个有着感恩心的员工，会把对企业的感激，转化为勤奋工作、刻苦学习、奉献社会的实际行动，实现与公司同步发展，与时代共同进步。

一个懂得**感恩**的人，

才能成就他生命和事业的高度。

第 二 章

态度决定一切

职业人必备的七大态度

俗话说：态度决定一切。无论做什么事，只有具备良好的态度，这件事情才能做成。作为一个职业人，更要在职场之中具备良好的态度，这样才能做好自己的工作，发散出自己的光辉。当然，对待不同的事物，要有不同的态度。看待任何事物都不只是单纯的一种态度，而是各种不同心态的综合，只有找准了适合自己要应对的事情应该具有的态度，才能保质保量地完成工作。

态度一：阳光心态

职场直播间

苏格拉底是单身汉的时候，和几个朋友一起住在只有七八平方米的小屋里。尽管生活非常不便，苏格拉底却每天总是笑呵呵的。有人就问他："这么多人挤在一起，连转身都困难，有什么可乐的？"苏格拉底说："我和朋友在一起，随时可以和朋友们交换思想，交流感情，这难道不是一件值得高兴的事情吗？"

过了一段时间，朋友们都成了家，先后搬了出去。屋子里只剩苏格拉底一个人了，可是，他却依然每天很快活。那人又问：“你一个人孤孤单单的，有什么好高兴的？”苏格拉底告诉他：“我有很多的书啊，一本书就是一个老师，和这么多的老师在一起，时时刻刻都可以向它们请教，这怎么能不令人高兴呢？”

几年后，苏格拉底也成了家，搬进了一座大楼里，他家在最底层。底层是这座楼里环境最差的，既不安全也不卫生，上面老是有人泼污水、扔垃圾，那人见苏格拉底还是一副喜气洋洋的，又问他：“你住这样的房间也很高兴吗？”苏格拉底说：“这地方太妙了，进门就是家，朋友拜访我也很方便，还可以种一些花花草草。”

后来，他把一楼的房间让给了一个偏瘫的老人，而他则搬到了大楼的楼顶。那人揶揄地问：“先生，住楼顶也有很多好处吧？”苏格拉底说：“是啊，我每天上下楼锻炼了身体，楼顶的光线也好，看书不伤眼睛，而且白天夜里都很安静。”

阳光的心态，其实就是积极的心态。就是在处理事情、对待问题的时候，用积极的心态去面对。苏格拉底有着阳光的心态，所以无论他处在多么艰苦的环境下，依然能够生活得十分开心。这也是他能够冲破层层阻碍，把自己的学说传播到全欧洲的原因之一。在职场中，阳光的心态同样是成功的必备因素之一。

职场人拥有阳光心态到哪里都会发亮，而消极的心态就像月亮，初一、十五各不一样。若是职场人用阳光的心态去对待工作，那么必定会在工作中为自己创造更多的机遇。从某种程度上来说，拥有积极阳光的心态可以让自己更振奋，更能释放出身体里蕴藏的能量，挖掘宏大的潜能，养成从积极方面对待事物的习惯。

职场中人应该从三个方面去培养自己的阳光心态。一是努力看到自己身边美好的事物，让自己身心愉悦，这样就不容易被身边的负能量所影响。二是试着多与乐观的人进行沟通交流，让他们的乐观心态感染自己。三是努力培养自己对自己工作的兴趣。自己对工作有了兴趣，自然会乐在其中，从而更加乐观积极。

阳光心态也很容易感染其他人，营造出一个更加积极向上的工作氛围。这样的团队工作效率更高，对不利因素的抗击能力也更强。这样，自己的价值也会在工作中得到很完美的体现。

阳光心态很容易感染其他人。

态度二：主人翁心态

“公司又不是我开的，盈不盈利与我有什么关系？反正我的工资就这么一点儿……”

“老板爱干吗就干吗吧，我做好我的事情就行了。”

“又开什么会啊，有什么事情你们领导自己决定就行了，为什么总是找我们员工开会。”

……

相信人们总会听到类似的抱怨，认为公司是领导的，与自己毫无关系。每一个企业都希望拥有一个比较完美的团队，为企业带来最大的利益。可是总有一些员工认为自己跟公司没有多大关系，公司利益的多寡也不会太影响自己的工资，所以员工不积极参与公司事务。其实，这就是一种没有主人翁心态的表现。

职场直播间

程响是一个年轻的高中教师，担任班主任。由于他是第一次担任这个职务，工作积极性很高。可是，到了高二时因为文理分科，班级进行了重组，班级里面新进了将近20个男生。从此，程响的班级管理就进入了一个比较艰难的境地，几次考试成绩都垫底。

程响面对着这样一个班级，并没有去思考怎样去解决问题，带领班级走向正规，而是不断地找领导抱怨、推卸责任。他认为班级表现得不好是别人的错，上级不应该把这样的班级交给自己，甚至认为班级不好是学生的素质太差。对于这样的抱怨，领导肯定没有很好的解决办法。看到领导没有办法，厌倦了的程响对待工作敷衍，对班级事务不闻不问。

在企业中，员工只有具备了主人翁的心态，才能全心全意地投入到工作中去，这样才能大大提升工作效率。有些公司，员工的工资跟业绩相挂钩，干得越多就挣得越多，这样就提升了员工的主人翁心态，因为他们会觉得自己的业绩和公司的利益息息相关。

有的企业会选择实行员工入股制，员工的切身利益就和企业的效益紧密地绑在了一起。因为投入了自己的那些股份，所以员工就会以主人的心态来对待工作，凡事谨慎，凡事认真，生怕自己的利益受到损害。如此，不管是企业的利益，还是自己的利益都会很好。

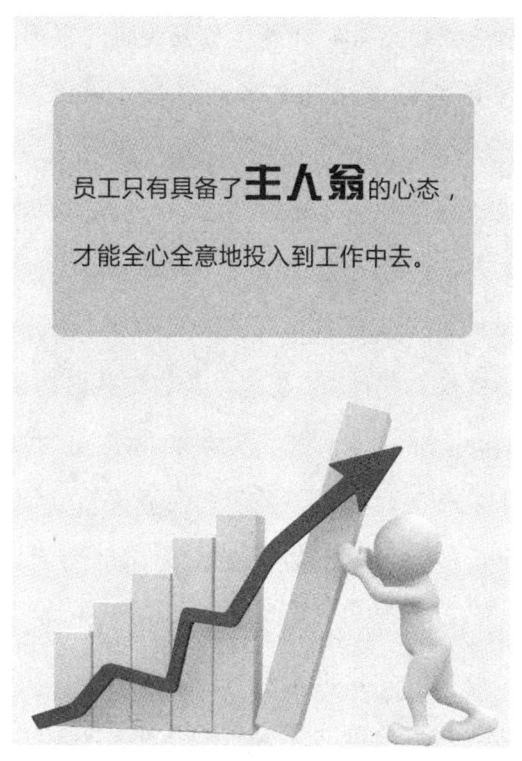

还有就是，有的领导善于在员工中制造紧迫感和危机感，尽量让员工参与到公司事务中来，为公司出谋划策，而不仅仅是完成好自己的工作。毕竟，只有员工们都把自己当成是公司的主人，才能最大限度地贡献出自己的力量。

作为员工，也应该积极主动地参与到公司的各种事务中去，以主人的心态来对待自己的各项工作，只有这样，工作才能干得出色。

态度三：自信心态

职场直播间

李开复在刚进微软公司的时候，与微软的同事沟通的一直很好，但是，在比尔·盖茨面前他总是不敢说话，因为他担心自己说错了话。

有一天，微软公司要进行改组，比尔·盖茨召集十多个人开会，要求每个人轮流发言。李开复本来是不愿意说的，但是盖茨要求每个人都必须发言。李开复就想，既然一定要说，不如把心里的话讲出来。于是，他鼓起勇气说："在我们这个公司里，员工的智商比谁都高，但是我们的效率比谁都差，因为我们整天改组，而不顾及员工的感受和想法。在别的公司，员工的智商是相加的关系。但当我们整天陷在改组'斗争'里的时候，员工的智商其实是相减的关系。"

李开复说完后，整个会议室都安静了。结果，比尔·盖茨不但接受了李开复的建议，还改变了公司的改组方案，并在公司副总裁开会的时候引用李开复的话，说员工们不要总是陷在改组“斗争”里，造成公司的智商相减。

从此以后，李开复变得更加自信了，这也使他在以后的发展道路上走得更加平稳。

由于自信，李开复的事业获得迅速的发展，最终成为了微软的全球副总裁，比尔·盖茨的核心智囊之一，实现了自身的人生价值。若是李开复当时不能战胜自己，自信地把公司的真实情况和自己的看法表述出来，也不会受到比尔·盖茨的重用。职场竞争中，如果一个人总能保持足够的自信，积极向上，就会很快地获得成功。

所有心态中，自信心态是最重要的，就是躺在你身边的女人不相信你的时候，你要相信自己；躺在身边的男人不相信你的时候，你要相信自己；只有自己相信自己，别人才有相信你的理由。自信是一切力气的源泉，是所有良好的心理素质的基本。自信的员工能更积极地面对人生，乐观、坦然地面对挫折和困难，在艰苦眼前，不屈不挠、脚踏实地地突破层层阻碍，转变自己的命运，实现自己的人生目标。

事实上，职场人做到使自己更加自信是很容易的，可从以下三方面做起。第一，从自我形象做起，适当地修饰自己的服饰，让自己的心情更好。第二，要经常自我肯定，做一些力所能及短期又能实现的事情给自己肯定。在做错事的时候也要告诉自己这是积累经验的过程。第三，自我期许，给自己定下一个明确的目标，制订一个适当的计划，并实现它。在完成目标之后，自信心就会油然而生。

自信的人是快乐的，每个人都愿意和快乐的人做朋友，所以自信的人都很受欢迎。当然，职场人除了要对自己的才能有自信之外，还要对自己的企业有自信，对自己的产品有自信，对自己的同事有自信，这样，在工作的过程中，必然是充满干劲，无往不利。

态度四：结果导向心态

职场直播间

张总有两个秘书，一个是跟随了张总多年的秘书秦淑玲，另一个是刚来公司几个月的实习生秘书谭菲。谭菲虽然刚来不久，但是工作积极性很高，只是她经常找不到正确方式，闹出不少笑话。

有一次，张总告诉两位秘书："我明天要去上海谈笔生意，你们给我买张火车票。"说完就走了。谭菲赶紧跑到最近的售票点去排队购买，由于当时正值高峰期，排了一下午的队才轮到她。结果售票员告诉她，到上海的票已经卖完了，谭菲只好灰头土脸地回到了公司。

秦淑玲却没有像谭菲那样做。她先是上网查了一下到上海的火车票，发现火车票已经售罄了之后立即订了到上海最快的飞机航班。在确定了到上海的时间之后，她又订了张总在上海的酒店。就这样，张总并没有耽误去上海的公务。从去上海回来之后，他在全公司的会议上点名表扬了秦淑玲，并让谭菲向秦淑玲学习。

无论领导给员工安排什么工作，其目的就是为了完成工作任务。但是，很多人却像谭菲一样，只知道完成工作，并没有一个以结果为导向的心态，结果没有完成任务。而秦淑玲却由于具备了以结果为导向的心态，用最合适的方法把工作完成了，体现出了自己的职业化。

现实工作中，有的人只对任务负责，但"任务≠结果"。在他们看来，完成任务就意味着工作的终结，至于结果怎样往往忽略不计。这样的员工就经常不能完成工作任务，原因是他们没有认识到结果才是一切工作的目的。这样的人尽管也可能会忙忙碌碌，但是却总是碌碌无为。任务并不等于结果，应付工作是任务，提供价值才是结果；完成任务是对程序的过程负责，而提供结果是对目的和价值负责。

当领导给自己分配工作任务后，首先，要知道工作的目的是什么。其次，带着以结果为导向的心态工作，争取用最正确的方式达成最好的结果。最后，在把工作完成后对结果进行最后的检查，做到更加完美。

一个优秀的员工在接到上司的指令后，不是考虑能不能做，而是要考虑怎样做才能达到想要的结果。确定以结果为导向的心态还要坚持不懈的，执着的信念，这样，就一定会与成功牵手，登上理想的高峰。

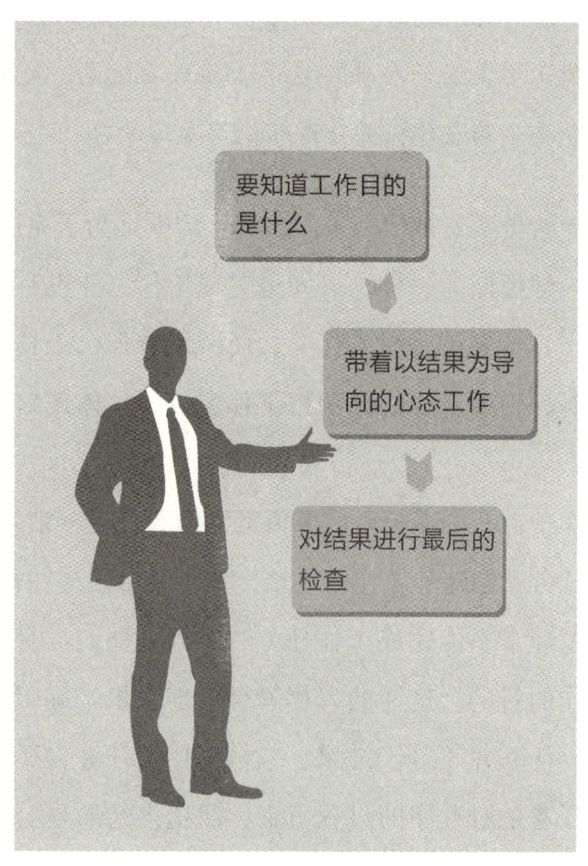

态度五：合作心态

在一个企业中，一个工作项目往往是给一个团队的任务。员工们只有具备合作的心态才能够很顺利地完成工作，若是互相指责，互相推诿，怎么可能一起完成工作任务呢？每个员工的工作都是通过团队得以体现的，所以员工的合作心态是必须具备的。

职场直播间

狼是一种群居性极高的物种。一个狼群的数量大约在6～12只，在寒冷的时候最多能达到50只以上。在狼的身上有一种团队协作的精神。它们狩猎的时候是靠着集体的力量，既有明确的分工，又有密切的合作，齐心协力战胜比自己强大得多的对手。许多动物不怕单独行动的狼，但是一群有团队精神和严密组织与配合默契的狼，却足以让狮子、老虎、豹子等任何更为凶猛的猛兽汗颜。

狼的生活环境是非常恶劣的，特别是冬天，食物缺乏，会让狼难以生存下去。但是，狼懂得合作，合作之后的狼群具有很强大的力量，这也让它们在残酷的自然界中成为了强者。

狼具备三个特性：一是嗜血，二是成群结队，三是寒天出动。

联系到商战中，华为公司是令人尊敬的一家公司。华为公司提倡狼性文化，嗜血就是哪里有商机，灵敏地感受到，并且冲过去；成群结队就是团队作战，不是个人英雄；寒天出动就是不管市场行情再恶劣，都要出去见客户，拿回订单。

联系到每个职场人，嗜血就是一种灵敏的感觉，感觉到职场的环境变化、感觉到某个商机或机会的来临等；成群结队就是在竞争中，团队作战，没有完美的个人，但有完美的团队；寒天出动就是市场竞争再激烈、职场竞争再残酷，都要去面对，都要去适应；我在培训和咨询中，经常会听说有的人已经大学毕业2年了甚至3年了，还不去工作，每天在父母家里，不是上网聊天就是看电视，却不工作，这样合适吗？自己这么大了，不去自己摘“果子”，只是等父母摘好的“果子”，香吗？出去工作吧，做个优秀的职业人，必将有一定的收获！

很显然，如果狼没有合作的精神，只知道顾自己，它们肯定早就被残酷的自然界所淘汰了。在职场中，合作也是一样重要的，是员工必须具备的一种心态。只有合作，才能够让员工之间培养出团队的意识，进而更加完美地完成各项工作。

一般来说，要培养合作心态主要从以下三个方面做起。一是要有合作的态度，工作中难免会出现纰漏，在出了问题的时候，大家一起想办法解决，而不是推卸责任。团队中工作能力不是很强的成员，其他员工应该尽力地帮助他。二是员工需要做一个能够沟通的人，如果员工不是一个很好沟通的人，那么他一定不会受欢迎。员工应该学着去倾听别人的想法，接受那些可以接受的意见。三是有大局观。并不是个人完成了属于自己的那一块就算万事大吉了。员工在做自己那一块时，要考虑到别人的工作是否方便。要做到从大局出发，让团队里每一个成员工作时都能得心应手。

合作的心态，是建立一个健康团队的前提。只有员工有了合作的心态，才能建立一个强大的、有创造力的团队，企业和自己才能获得充分的发展。

态度六：学习心态

职场直播间

郭亮是一个学设计的普通大学毕业的本科生，因为学校不是很出名，所以好不容易才找到了一份给一个生产手机的厂商搞工业设计的工作。虽然薪水一般，但是郭亮很知足。

在公司里，郭亮发现很多同事都是重点大学毕业的本科生甚至硕士。郭亮觉得自己很不起眼，于是他决定努力提高自己，避免被公司淘汰。然后，郭亮没事就上网找那些像摩托罗拉、索尼、苹果等国际知名公司生产的手机的图片来理解学习他们的工业设计，有什么问题他就虚心地向前辈请教。他甚至随身带着一个小本子，前辈工作时的一些方法和细节他都会记下来，在下班后不停地揣摩学习。

不知不觉，一年过去了，到了年底公司评价优秀员工的时候，结果让很多人都意想不到，郭亮获选了。原来，公司的老板早就注意到了郭亮。他觉得郭亮虽然毕业学校不是名校，工作能力也是一般，可是他工作很积极，并且一直在学习进步。于是，他决定让郭亮当选为优秀员工。

郭亮不断学习的心态获得了老板的赏识，使自己成为了优秀员工。职场中人只有拥有一种学习的心态，才能通过自我提升来让自己的工作能力更强。成功的机会永远青睐那些不断提高的人，郭亮就是这样的人，所以他才被老板所赏识。

学习是一生的事情，而不是只在学校里才要学习。相反，在职场中，我们会遇到各种各样以前在学校里没有学到过的问题，因此，职场人士更要保持一个学习的心态。多读书，多向有经验的员工请教，让能力随着学习不断地提高。老鹰在 40 岁时爪子开始老化，喙又长又弯，羽毛又浓又厚，飞翔十分吃力。这时它们要想生存下去，只有飞到山顶，在悬崖上筑巢，用喙击打岩石，直到完全脱落，然后静静地等待新喙长出。当新喙长出，它再用新喙将脚趾甲一片一片拔出。当新趾甲长出，它再把老羽毛一片一片拔掉。之后它就能够再多活 30 年。这次蜕变的过程其实就是学习的过程。

第 二 章

态度决定一切

请思考一个问题：1 的 365 次方是几？你肯定知道是 1；那么 0.99 和 1.01 的 365 次方呢？0.98 和 1.02 的 365 次方呢？

$$0.99^{365} = 0.03$$

每天退步一点点，一年后你的**退步**会很大，远远小于“1”。

每天进步一点点，一年后你的**进步**会很大，远远大于“1”。

$$0.98^{365} = 0.0006$$

与时俱进，不进则退，这道理你懂的。

$$1.02^{365} = 1377.4$$

每天比你**努力多一点**的人，已经甩你太远了。

职场中人首先应该做到事事观察资历较老员工和领导的工作方法与细节处理，再用到自己的工作中去。其次，要虚心向别人请教一些自己不懂的问题，并把得到的知识进行系统的归类。除此之外，自己还应该主动地去学习，比如，阅读专业的书籍、上网查阅资料等。这样，就能很快地培养起自己的学习心态。现在，很多企业都开始器重培训，努力让自己的企业成为学习型企业。所以，员工更应该具备学习的心态，成为一名学习型人才。

态度七：服务心态

服务心态是指企业全体员工在与一切企业利益相关的人或企业的交往中所体现的为其提供热情、周到、主动地服务的欲望和意识。即自觉主动做好服务工作的一种观念和愿望，它发自每个公司员工的内心。对于“服务心态”，不同的人有着不同的理解，但是有一点是一样的，就是优质服务含有超出常规的和一般性的服务内容和服务满足。服务心态是公司与客户之间赖以沟通的桥梁，所以每个员工都要拥有，而对于服务型行业的员工，表现得就更为重要。正确的服务心态，表现为四点：主动热情、耐心周到、文明礼貌和尊重顾客。只有抓住这四点，才能够在工作中表现出自己的服务心态。

我们要知道，当今社会：“人人都是服务员，行行都是服务业。”服务心态的培养同样十分重要，一般来说，可以从以下五个方面入手来培养：

1. 避免服务不好的印象

现代市场竞争日益激烈，客户可以随时因为不能忍受不好的服务而摒弃自己的公司另寻新欢，而且很可能会将公司和员工不好的印象向更多的人传播。这样无疑对公司和员工都是一种伤害。因此，要提升服务质量，首先要做的就是避免给客户留下服务不好的印象。

2. 弥补服务中的不足

对于服务中的不足，要及时弥补，而不是找借口推卸责任。通过“服务休整”，不但可以弥补服务中发生的问题，还可以使挑剔的客户感到满意，使自己和竞争者之间产生差别。

3. 拥有良好的服务态度

良好的服务态度是和客户交流的关键。只有拥有了良好的服务态度，客户才会愿意和员工交流，才能达成一个良好的服务意向。通过良好的服务态度带动，可以极大地提高企业内部员工的服务心态，提升服务质量。

4. 考虑到客户的实际情况

每一个客户都是不同的，员工要常常考虑到客户的实际情况，按照客户的喜好来调整服务制度，也就是要为客户提供个性化的、价值更高的服务。

5. 制订服务修整的方案

每个企业和员工都会犯错误，对于这点客户可以理解。客户关心的是怎样去修正自己的错误。在员工出了问题之后，除了道歉之外，还需要制订出切实可行的弥补方案，用具体的行动来解决客户的问题。这样才会获得客户的信任，使其愿意接受自己的服务。

全球第一 CEO（企业首席执行官）杰克·韦尔奇在讲述他的成功之道时说："企业的存在就是向客户提供服务，发现客户的需求并满足它，任何企业最重要的问题都是如何做好客户服务。"任何企业和个人要想在竞争中取得成功，服务的心态不可或缺，它可以让自己处在不败之地。

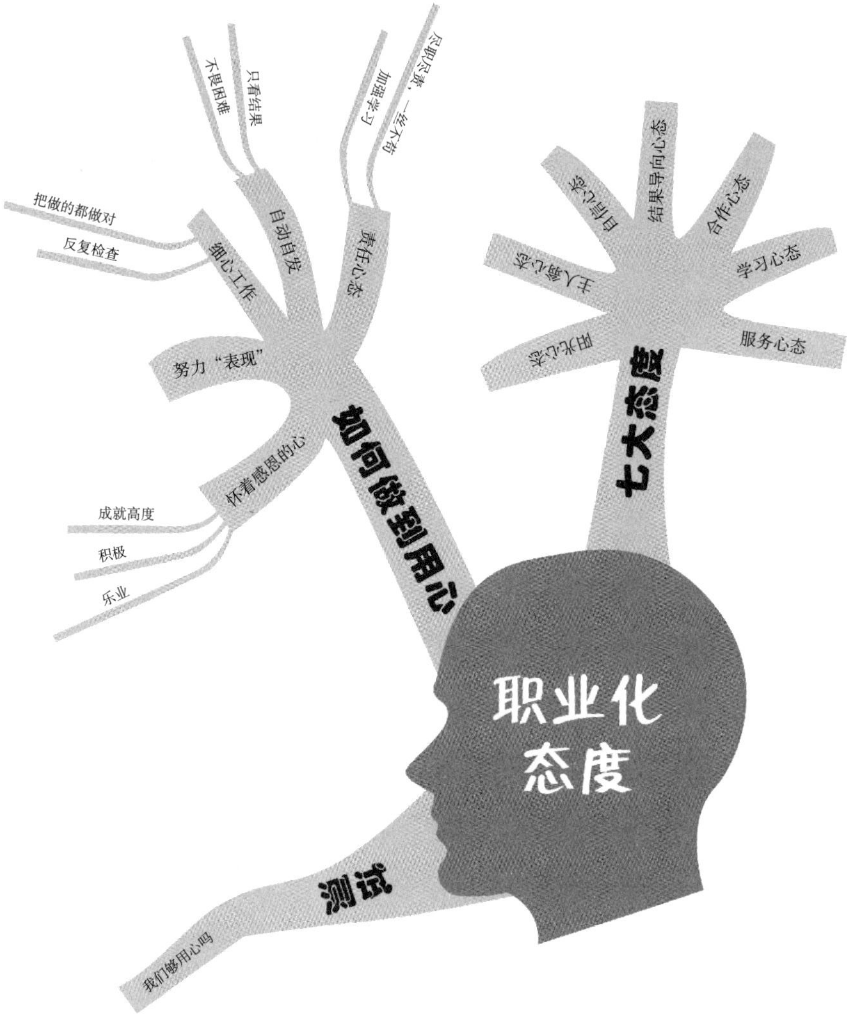

职业化态度

如何做到用心

努力“表现”

细心工作

把做的都做对

反复检查

自动自发

只看结果

不提困难

责任心态

尽职尽责，一丝不苟

加强学习

怀着感恩的心

成就高度

积极

乐业

七大态度

主人翁心态

自信心态

结果导向心态

合作心态

学习心态

服务心态

阳光心态

测试

我们够用心吗

第三章
具备做好自己岗位的工作能力
——职业化技能养成

第 三 章

具备做好自己岗位的工作能力

能力的三大分类

职场能力有很多种，比如专业能力、沟通能力、执行能力、运筹能力等。大致可以分为必备能力、储备能力和进阶能力。必备能力就是能把工作做好所必须具备的能力；储备能力是指能够做好工作之外还要储备的能力；而进阶能力是指能够使自己的工作更进一步发展所需要的能力。只有具备了这些能力，才能够使自己在职场的舞台上表演出最美丽的舞蹈。

第一类：必备技能

在职场中，只有具备一些必需的能力，才能够做好自己的工作。而这些必备的技能，一般分为五种，即专业、适应、沟通、合作和解决问题能力。

1. 专业技能

专业能力是一个员工最主要的能力，拥有了一定的专业能力，是完成自己的本职工作的前提。无论什么行业，都需要专业能力很高的人才。专业能力的培养主要是从学业中和日常的工作中积累而来的。

2. 适应能力

一个员工到了一个新的环境中，适应能力是十分重要的。只有适应了企业的文化、氛围和团队环境，才能够在这个环境中工作，才能够具有很好的工作状态，所以说，适应能力是员工必备的能力之一。对新环境的适应能力越快，适应能力越强，在新环境里的工作状态就会越好，工作得就会更愉快。

3. 沟通技能

沟通是每一个职场人都必须具备的技能之一。必须经过沟通，才能够知道别人对自己的看法，从而知道自己的不足，并进行改正。除此之外，有效的沟通还可以对彼此的技术、思想等进行交流，增进团队里的合作气氛。沟通技能涉及很多方面，包括积极倾听、重视反馈和控制情绪等。

4. 合作技能

团队的力量是很巨大的。想要快速融入自己所在的团队，就需要掌握合作技能。和团队的其他人合作完成工作，既能提高自己的工作效率，也能够在团队中体现出自己的价值。在工作中，要主动和别人交流，遇到问题和别人通力合作，共同面对困难。这样，才能通过合作出色地完成任务，实现自己的价值。

5. 解决问题的能力

在工作中总能遇到各种各样的问题，只要具备一定的解决问题的能力，就能够克服各种困难，顺利地解决各种问题。无论从事什么行业，员工都要具备一定的解决问题的能力，才能够让自己的工作做得更加顺利。

解决问题的能力主要就是在工作和生活中解决一些综合性的问题的能力。那些能够发现问题、解决问题并迅速做出有效成果的人将会逐渐受到重视乃至重用。

职场中，只有具备这些必需的能力，才能够做好自己的工作。

第二类：储备技能

职场人除了要具备一些必需的技能之外，还要具备一些储备技能。这样才能够使自己的工作不仅做完，而且做好，同时亦是为将来的发展做能力储备。储备技能让员工能够更进一步地把工作做得更加出色。培养自己的储备技能主要从下面四个方面做起：

1. 学习能力

这个社会会不断淘汰有学历的人，不会淘汰有学习力的人。任何情况下，职场人都要具有学习的技能。具有学习的技能，才能够提高自己，让自己适应目前的工作。在大部分情况下，学习技能是和其他的技能紧紧联系起来的。因为，其他的任何技能都需要经过学习才能掌握。

学习技能主要靠员工的自我提升意识。在工作中主动去学习专业知识、沟通技巧等，需要不断地向别人请教，养成一个自我学习提升的习惯，这样才能掌握学习的技能。

2. 信息资料管理能力

现在是信息时代，很多工作都需要收集信息资料的能力。管理信息资料是很重要的能力，因为收集了足够的、有用的信息和资料才能够进行工作，其中，管理和利用信息资料的方法很重要。掌握了管理信息资料的方法才能够快速地找到自己所需要的资料。

要想具备一定的信息资料的管理能力，首先要做的是给自己一个大致的方向，比如，自己要做的是营销，就找营销的资料。是财经，就找财经方面的信息资料。其次，要从不同的途径去寻找信息资料，比如网络、书籍报刊、问有经验的人等。最后，要从自己的工作中积累、利用收集来的资料，在每完成一阶段的工作后都要仔细地总结经验教训，以便让以后的工作更加得心应手。

3. 时间管理能力

管理好自己的时间就等于延长自己的生命。领导给安排了任务之后，总会同时给员工一定的时间限制。这就要求员工具有一定的时间管理能力才能够充分地利用好自己的时间，从而做到不浪费时间去做无用功。把时间管理好也能利用更多资源，做出更大的成绩。

员工在对时间的管理方面最需要的就是要拟订合适的目标及工作计划，先做重要的事情，根据自己的工作计划来循序渐进地工作。该干什么的时候就干什么，这样就会大幅度地提高自己的工作效率。除此之外还要注意细节，有管理时间的意识，注意不要浪费时间。

4. 其他储备能力

还有许多其他的储备技能也同样需要很重要。比如情绪管理能力、对突发事件的应对能力等。职场人应该在工作中仔细观察，通过不断地学习积累，掌握这些储备能力。

第三类：进阶技能

在掌握了必备技能和储备技能之后，职场人要想走得更远，让自己走向一个更高的平台上，就需要具备一定的进阶技能。进阶技能能够让员工有着不同于其他员工的能力，进而拥有晋升的资本。对于处在上升瓶颈的一些员工来说，进阶技能更是非常重要的突破瓶颈的因素。大致来说，进阶技能主要分为四类：

1. 逆向思维能力

逆向思维能力是职场人日常工作中解决问题非常重要的途径。因此，显得尤为重要。一般来说，逆向思维就是利用已经发生的事情来推测出事情的根源所在。这能使一个员工快速找到其问题的根源，并着手解决它。

逆向思维主要靠在工作中积累而来，只有对工作流程的每一个细节都十分熟悉，才能够在发现问题的时候用逆向思维的能力找出问题所在。此外，遇到问题也要有逆向推断的意识，这样就能培养自己逆向思维的能力。

2. 创新能力

创新是一个企业能够持续健康发展的前提。一个企业只有拥有创新能力很好的员工和团队，才能够提高自己的核心竞争力，才能在市场竞争中取得有利的位置。而对于员工来说，只有具备了一定的创新能力，才能够从众多员工之中脱颖而出，获得领导的赏识。

创新能力的培养首先要借鉴前人的工作经验和教训，科学家牛顿在谈到自己做出伟大的发现时说道：“我比别人看得更远是因为我站在巨人的肩膀上。”说的就是这个道理。其次是要不怕失败，创新从来都是在不断的失败中出现的。再次要学会结合，别人的经验再好，那也是别人积累的，并不适合自己，所以要结合自身的条件去进行创新。最后要保持自己思维相对的独立性，这样才能突破常规，实现思维创新。

3. 对企业文化的深度理解能力

企业文化是企业的灵魂所在，只有深刻理解企业文化，才能让员工登上一个更高的平台。理解企业文化对员工的进步提升具有相当积极的意义。杜邦公司深入员工骨髓的安全文化和华为公司的狼性文化，都让员工在企业文化的基础上对企业理念有了更深层次的理解。

4. 领导力

做更高的职位，承担更大的责任，领导力是必不可少的。具备了一定的领导力，就会受到公司的提拔。而领导力的培养需要从自身的管理做起，在出色地完成自己的工作的同时，才有资格去领导整个团队。其次，还要有一定的统筹全局的能力，这样才能够让团队里的其他成员愿意服从自己的领导。

第 三 章

具备做好自己岗位的工作能力

职场人要想走得更远、走得更高，就需要具备一定的进阶技能。

职业人必备的八大技能修炼

必备的职业技能，就是指无论什么职业都需要具备一些技能。具备这些技能是能够做好自己职业的前提，掌握这些通用技能尤为重要。几乎所有的成功人士都具备这种通用职业技能。就是这些通用技能，让他们在自己的职业中做出了一定成就，成就了他们的成功。

技能一：目标管理

职场直播间

哈佛大学曾经做过一个非常著名的实验。他们曾经在一群智力与年龄都相近的青年中进行了一次关于人生目标的调查，结果发现：3%的人有十分清晰的长远目标；10%的人有清晰但是比较短期的目标；60%的人只有一些模糊的目标；27%的人根本就没有任何目标。

25年后，哈佛大学再次对他们做了跟踪调查，结果令人十分吃惊！3%的人全部成为了社会各界的精英、行业领袖。他们的财富总和超过了剩下97%的人财富的总和。10%的人都是他们所在专业或者领域的成功人士，生活在社会的中上层，事业有成。60% 的人大部分生活在社会的中下层，胸无大志，事业平平。27% 的人过得很不如意，工作不稳定，入不敷出，经常抱怨。

每个人都有自己伟大的理想，都想拥有一份自己想要的工作。伟大的理想的实现从来都是一步一步干出来的。员工在工作的时候，必须给自己设定一个目标，并朝着这个目标不断地努力，才能够获得成功。合适的目标是指企业或个人欲望达成的一个结果，就像指南针一样，给职场人一个明确的方向。而目标的高度，很大程度上就决定着能获得多大的成功。就像案例中那 3% 的人，他们与其他 97% 相比没有任何优势，只是比其他人多了一个长期的清晰的目标，就是凭借这个目标，让他们的人生获得了成功。

如果把员工的职业生涯比作一次航行，那么目标无疑是一座灯塔，灯塔能否明亮直接决定了航行是否顺利。怎样确定一个清晰、正确的目标显得尤为重要。

一般，目标管理可以从以下五个方面做起：

1. 从自己的实际情况出发

制定一些虽然困难，但是可以实现的目标，才会有提高自己的余地。但是也要认清楚自己的实际情况，从实际情况出发，制定适合自己的目标，然后再根据自己的目标奋斗。有时候，还需要不断调整自己的目标使之符合自己的实际情况。

2. 从团队的角度出发

通过沟通，使自己的目标与团队的目标相符合。一个人的力量终归是有限的，只有把自己融入到团队中，才能发挥最大的力量。所以，自己的目标一定要与团队的目标紧密联系，从团队的角度考虑问题。

3. 始终关注自己的目标

目标不是简单地制定下来就万事大吉了，还需要长期朝着目标地努力。只有始终关注着目标，才有动力把精力投入到工作中，才能够快速向着自己制定的目标迈进，从而实现目标。

4. 注重过程

过程是通向目标的途径，必须通过一个过程去实现目标。这个过程是必要的，注重过程才能在完成目标的同时保证质量。

5. 适时地调整目标

目标并不是一成不变的，适合自己的目标才是最重要的，由于情况的瞬息万变，适时地调整自己的目标使之更加适合自己也是非常重要的。

下面是一个人生目标计划表，仅供参考：

	工作	家庭	财富	健康	学习	人际	……
1 年之后							
5 年之后							
10 年之后							
……							

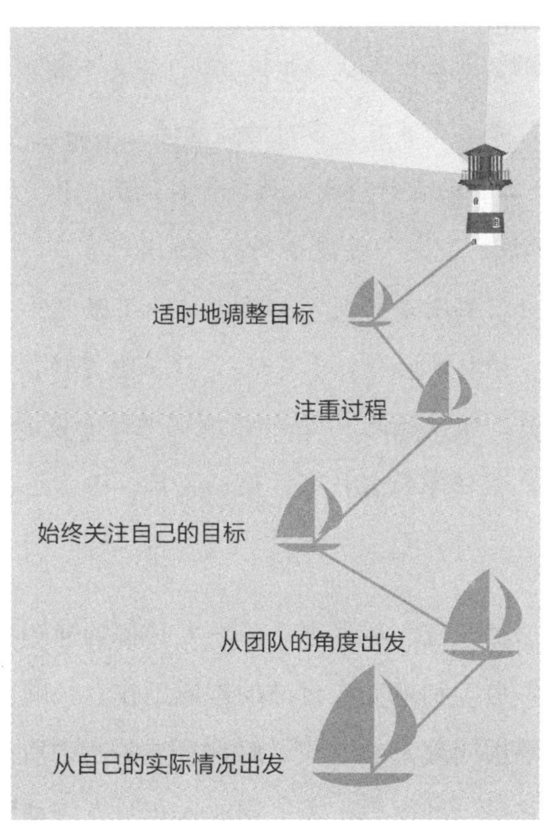

技能二：有效沟通

职场直播间

张顺是一家销售公司的部门经理，一直很受员工们的喜爱，这与他平时喜欢和员工们沟通交流有很大的关系。员工们有事没事就喜欢和张顺聊聊天，或者把工作中的难处和张顺说说。张顺总能用最合适的方式给员工们一些好的建议。

这天，张顺刚来到办公室，门就被敲开了。原来是部门里的销售高手小高，小高有些沮丧地对张顺说："看来是麻烦了，我用了整整一周的时间，做这个客户，客户的销量还是不高。"张顺听了，就说："你把这个客户的资料给我，让我亲自试试，你先做后边的客户吧！"小高连忙说："行。"于是小高高兴地走了。

一会儿，部门里刚来的新人小贾也敲响了张顺办公室的门。原来小贾也遇到了同样的问题。小贾说："说来也奇怪，我用了一周的时间做这个客户，销量还是不高。"张顺就详细地告诉小贾应该怎么做才会获得客户信任等销售技巧，谈论完后，小贾也高兴地走出了办公室。

无论处于何种职位，沟通都是职场人必备的通用技能。掌握这种技能，才能够更顺利地完成自己的本职工作。张顺就具有这种沟通能力，他能够用同理心的方式了解到对方的心中所想，使彼此的沟通更有效。这是一种能力，需要职业人在与人沟通时多留意，多积累经验。

在一个团队中，每一个成员都需要沟通，因为只有沟通才能够彼此合作，共同完成各项工作。倾诉者和倾听者之间的角色并不是固定的，所以每个人都要掌握各种沟通技巧。用心倾听就是一种很好的沟通方法。它能使倾听者站在倾诉者的角度去思考问题，懂得换位思考，通常能够很好地解决各类问题。作为说的人就要把该说的都说出来，而作为听的人，应该在听的基础上对听到的话进行分析，然后说出自己的看法。对于聆听者来说也要经常从对方的角度思考问题，这样才能做到有效的沟通。

在工作中，沟通无处不在，没有沟通，就没有进步。要想做到有效地沟通，就要注意三个方面：一是明白自己怎样对待别人，别人才会怎样对待自己的道理。二是在同别人交流的时候做到真诚和适当的坦白，这样才会获得别人对自己的信任，从而使对方愿意和自己沟通交流。三是很多时候，要想着改变自己去适应环境，而不是让别人改变来适应自己。

在沟通中，光有表层的同理心是远远不够的，我们还要深层的同理心，还要了解对方，这样才能真正听懂对方的“意思”。那么，从哪些方面来了解对方呢？

（1）家庭：一个人的家庭往往对人的影响是终生的，家庭会塑造一个人。

（2）出生地区：一方水土养一方人，生长地域不同，人亦不同。

（3）血型：血型不同，性格亦有差别。比如，请参考以下不同血型的性格统计：

- A 型血的人很可能：细心与寡断；
- B 型血的人很可能：仁和与粗心；
- O 型血的人很可能：果敢与暴躁；
- AB 型血的人很可能：是 A 与 B 混合，聪明善变与易走极端；
- Rh 型血的人：只有万分之一，无统计。

（4）星座/八字等：通过星座或八字亦会了解一个人。

沟通是一门学问，掌握了这个技巧会对自己大有裨益。在职场沟通中，我们经常会遇到一些无法解决的困境，下面一些建议或许对你有帮助。

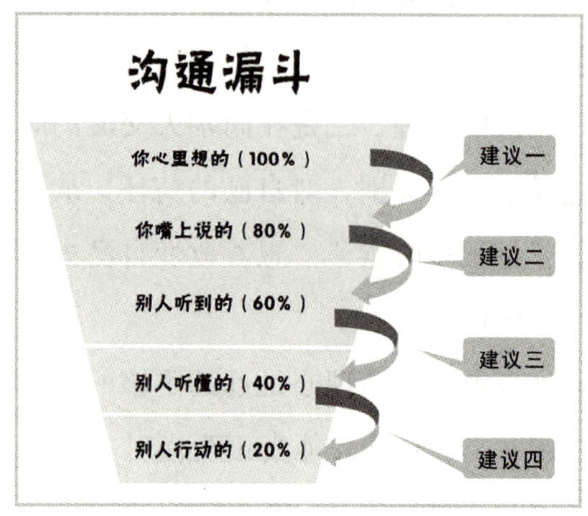

建议一：自己心里想的与自己嘴上说的有误差

（1）自己要有笔记，把想法事先记录成几个要点。

（2）不好意思讲的话，就让别人（副手）传达到。

建议二：自己嘴上说的与别人听到的有误差

（1）讲话时在安静的地方，较少干扰。

（2）听话人要用心听，也要较少干扰。

（3）让对方听话时做记录，然后回馈。

建议三：别人听到的与别人听懂的有误差

（1）为防止别人装懂，需要反问。

（2）问他（她）是否有其他想法和看法。

建议四：别人听懂的与别人行动的有误差

（1）下达命令时，也附带操作方法。

（2）要不定时地学会监督。

沟通是职场人必备的通用技能，掌握这种技能才能够更顺利地完成自己的本职工作。

附：沟通技巧测试题

下面所有题均为多选题，请选出你认为所有正确的答案。

1. 双向沟通必须包含哪些行为？（　　）

A. 说的行为　　B. 听的行为

C. 问的行为　　D. 答的行为

2. 所谓沟通，是指为了一个设定目标，把（　　）在个人或群体间传递并且达成共同协议的过程。

A. 信息　　B. 语言　　C. 情感　　D. 思想

3. 沟通中的发送要注意哪些问题？（　　）

A. 发送的有效方法　　B. 在什么时间发送

C. 发送的具体内容　　D. 发送对象

4. 以下哪些不是反馈？（　　）

A. 指出对方做的正确的地方　　B. 指出对方做的错误的地方

C. 对于他人言行的解释　　D. 对于将来的建议

正确答案：

1. ABC　　2. ACD　　3. ABCD　　4. ABCD

技能三：时间管理

在领导分配工作的时候，总是会限制员工完成的时间。而怎样安排这段时间就是员工对自己时间的管理。管理好自己的时间，合理地规划每一秒钟的时间，才能使自己的工作更加高效。这样自己工作起来也会觉得更加轻松。合理的时间管理还能够使员工找到一个平衡点来平衡自己的工作和生活。

对于职场中人来说，时间管理非常重要，管理好自己的时间也是职场人成功之路上的一个必备要素。而对时间的管理能力要做到以下四个方面。

1. 给工作做计划，并留出适当的灵活时间

给自己的工作做一个计划是时间管理中最重要的一个部分，只有员工什么事情都做一个完美地计划，才能够保证工作保质保量地完成。如果没有一个比较清楚的计划，很可能就是一直在工作，却很没有效率。甚至有时候必须把工作推到最后几天，加班加点地工作。这样做肯定效率很低，质量也很难有保证。

2. 不在小问题上纠缠，注重重要的问题与事情

员工在工作中肯定会遇到很多的问题，有的员工就不断地在这些小问题上纠结。结果是小问题没有解决，很多其他的工作也没有完成。在遇到这些小问题的时候，最好的办法就是另辟蹊径。等把其他的工作都完成了再解决这个问题也未尝不可，这样可以保证完成其他的工作，不会因小失大，影响到全局。

3. 简化工作程序，简单、快速、品质

在工作中，一般工作流程越简化，越不容易出问题，员工在工作过程中会越加细致，执行效果就会越好。同时，简化工作程序也

有利于解决工作中出现的繁复现象，从而提高工作效率，降低工作成本。在很多时候，流程只是流于形式，没有实用意义，当然要精简下来。这时候就需要员工具有以结果为导向的思维，从全局思考问题，就能够把工作程序给简化下来，节省不少的时间。

4. 集中精神工作，关闭聊天工具与无关网址

按照重要性，一次只集中精力做一件事情，尽量避免出错，这样可以节约很多的时间。比如，员工在电脑上进行重要的工作时，最好把相关聊天工具都关掉。即使觉得工作枯燥，也不轻易打开新闻或娱乐网站浏览。这样才能够节省更多的时间，将工作做得更加高效。这也是时间管理中很重要的一个组成部分。

附：时间管理测试题

你可以通过下面一组测试题了解一下自己的时间管理能力到底如何。针对以下问题请依据自己的情况分别如实回答，自己记录下每一题的分数。

评分：

总是如此—— 5 分；常常如此—— 4 分；有时候如此—— 3 分；很少如此—— 2 分；从来没有——1 分。

1. 要做的事，要负的责任多到令人喘不过气来。

2. 觉得自己非常忙碌，而且没有耐心。

3. 越接近最后的期限，工作越努力。

4. 来自领导（或是客户、合作方）的要求多到让我感到很大的压力。

5. 常常有处理不完的 E－mail，或是回不完的 MSN（或 QQ）对话，几乎成为早上上班的第一件事。

6. 得面临不断发生的工作重点改变或是组织变动。

7. 我不喜欢将原本属于我的责任移交给别人。

8. 我觉得我很难保持机动与弹性，也无法专注在真正重要的事情上。

9. 太过焦虑与担忧，因此浪费了不少的时间。

10. 只要是会影响到我自己和同事的互动，我就很难做出决定或要求。

11. 开会或是会面时常迟到。

12. 花太多时间处理不太重要，或是紧急的事，而没有时间处理真正重要的事。

13. 我习惯拖延事情，直到时间过了或是不再重要了，就不需要处理。

14. 我睡得很不安稳，早上起床仍觉得很疲惫。

15. 对我来说，要规划每天的工作时间表是很难也很少做到的事。

16. 我没有清楚的方向，也不知道自己的目标是什么。

17. 我觉得我对工作的期望还有我在工作上的成就与表现，和领导所认知的不一样。

18. 当我手边一个项目在进行时，我只有一个预定完成的时间，而不是把它切割成好几个小项目，分别列出进度。

19. 只要牵涉到别的部门或其他同事，就很难按照我理想的进度进行。

20. 主管常常来询问我的工作进度。

计分及分析：

1～30 分：恭喜你，你的时间管理做得不错。

31～50 分：对于时间管理，你已经有了基础的认识，或一些自己的方法，但还有进步改善的空间。

51～100 分：你仍不知该如何有效管理自己的时间，因此是一种没有效率的状态，应该尝试改变。

第 三 章

具备做好自己岗位的工作能力

技能四：执行力

执行力就是指员工对上级分配的工作的贯彻力度，即按质按量按时完成自己工作任务的能力。执行力是从最高领导到最基层员工，每一个人都应该坚持的事情，同时，执行力是企业评测合格员工的重要标准。具有执行力的人一般具有九大特色：

1. 自动自发

员工在工作时，不仅要会做，还要愿意去做、主动去做。这就是自动自发，是一种对工作认真负责的态度。对工作严格的标准是由自己决定的，而不是别人要求的。只有对自己的工作有着自动自发的态度，企业才会重用。

在自动自发的同时也要注意对自己的工作负责，这样才能体现出自己的价值，获得别人的尊重。

2. 注重细节

员工把自己的工作做好是义不容辞的责任，必须认真地对待，注重细节。其实，员工工作的意义就在于把自己的事情做到完美。当自己发现的细节越多，就会觉得工作是一种乐趣，从而对工作的热情度、投入度也会增高。

3. 为人诚信，勇于负责

诚信是处事最基本的准则之一，也是衡量一个人道德水平的准则之一。只有对人诚信，才会获得别人的尊重和信任。一个注重诚信的人或组织，在不能履约的情况下，必定会对自己的失信负责，及时采取必要的措施来弥补自己失信造成的损失。

4. 善于分析、判断，应变能力强

在工作中总会出现各种意想不到的情况，快速的应变能力并不表现为一时的灵感，更多的是捕捉到一瞬间的时机，从而抓住这个时机，获得成功。这需要提前做出预测并对全局有一个细致的分析和判断。

5. 善于学习，具有创新思维

创新是一个企业快速发展的推动力。要适应这个日新月异的变化，最好的办法就是具有学习的能力，不断学习，提高自己，使自己能够适应企业。除此之外，还要具有创新思维，这样才能够使自己脱颖而出，受到领导的重视。

6. 对工作投入度高

对自己工作的热忱很可能就决定着自己能够走多远。多一份坚持下去的勇气和执着，才会发觉工作中的乐趣，才会敢于创新，从而不断进取。

7. 有韧性

韧性是指具备挫折忍耐力，压力承受力，自我控制和意志力等。员工具有韧性才能够在艰苦的、不利于自己的情况下坚持下去，完成工作。在一些特殊时期，企业或者市场不是在考验自己的能力，而是考验一个人的心智，这时候，韧性就显得尤为重要。

8. 有团队精神

团队的力量是巨大的，只有把自己融入到团队之中，才能够发生很好的化学反应，产生“1+1>2”的效果。

9. 有着强烈的求胜欲望

强烈的欲望是人行动的源泉，也是人不断向上的动力。没有欲望什么事情都不会做得长久。以一种不断求胜的欲望用到工作中，情绪就会更加高涨，意志就会更加坚定。强烈的求胜欲能使人的能力发挥到极致。

附1：执行力测试题

下面的试题旨在测试你做事的执行力和认真、快速程度，时间只有3分钟。请在开始做测试之前先将闹钟定好，确定为3分钟。

1. 做试题前先通读。

2. 将你的名字写在本页右上角并在名字下面写上今天的日期。

3. 将第2句的“名字”这个词圈起来。

4. 在本页的左上角画出五个小方格。

5. 大声喊出你自己的名字。

6. 在第2题下面再写一遍你的名字。

7. 在第1题后面写上“是”“是”“是”。

8. 把第5题用椭圆圈起来。

9. 如果你喜欢这项测试题就说“是”，不喜欢就说“不”。

10. 如果在测试中你的进度到达这个题目，就大声喊出你居住的城市的名称。

11. 在本页右边的空白处写上66×7的数学算式。

12. 如果你认为自己已仔细地按要求做了，就大喊一声“我做到了”。

13. 在第11题后写上第11题的答案462。

14. 用你正常讲话的声音从10数到1。

15. 站起来，转一圈，坐下。

16. 在第4题中的“本页”这个词周围画个方框。

17. 大声说“我快干完了，我是按要求做的”。

18. 你做到这个题时，就说“我是执行的优胜者”。

19. 既然你已按第 1 题的要求做了，那么你只做第 2 题和第 16 题就算完成任务。

完成任务后，查看时间。

如果你能够在 2 分钟之内完成并且正确，说明你的执行能力超强；

如果你能够在 3 分钟之内完成并且正确，说明你的执行能力不错；

如果你超过 3 分钟才完成或者不正确，即没有注意第 1 题和第 19 题，说明你的执行能力有待提高且以后要更认真做事。

附 2：行动力小测试

将下图中两个①、两个②、两个③连接起来且不能交叉，只能在这个平面内，不能折纸不能使用空间。限时 1 分钟时间。

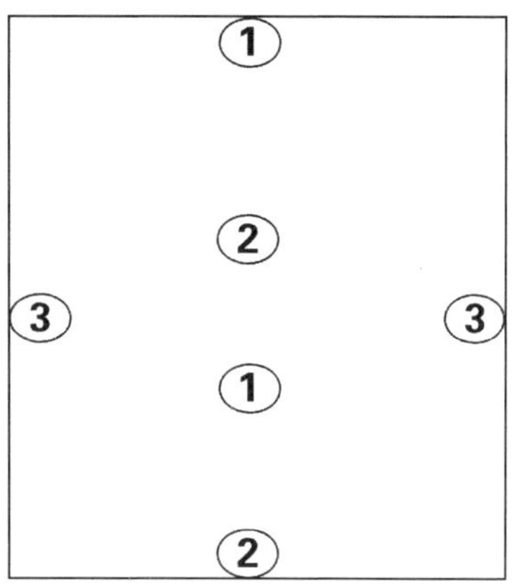

以上题目做的怎样？在空白处写写您的看法。

技能五：情商修炼

 职场直播间

最近，公司管理层决定把本来的小组长许东阳提拔为部门经理，公司里的员工都觉得许东阳早就应该被提拔了，纷纷祝贺许东阳的晋升。大家这么觉得是有道理的，许东阳在担任小组长期间所做的一切深得员工们的赞许，这与他出色的EQ（情商）管理是分不开的。

许东阳是一个情商极高的人，有一次，由于员工小刘很严重的失误，导致工作没有按时完成，整个工作小组都受到了老板的批评。大家纷纷指责小刘，有的员工甚至建议将小刘调去别的小组。作为小组长的许东阳肯定也十分生气，可是他控制住自己的情绪。在看到小刘的情绪十分低落时，就没有再过多地批评他，而是把他叫到了自己的办公室里，对小刘进行了鼓励和疏导。果然，从那之后，小刘的情绪好了很多，工作更积极细致，再也没有犯过类似的错误。

还有一次，员工小韩和同事发生了争执，许东阳发现是因为小韩过于追求完美，所以看不惯同事们有的时候细节没有处理好。许东阳在仔细了解了小韩的性格后，决定让小韩负责小组里的质检工作。果然，小韩在质检的岗位上做得十分出色。

许东阳无疑是一个出色的员工，他通过自己很高的情商读懂了员工的情绪，继而从员工的情绪出发对员工进行管理。事实上，情

商修炼不仅是对员工利用情商的管理，还有对自己的情商进行修炼，使之适应职场中的风云变幻。

对情商的修炼需要一定的步骤，按照这个步骤就能够修炼出很高的职场情商。

1. 识别他人

认识他人最重要的是要认识他人的性格、人品。最有效的方法就是主动和热情，在与他人接触的过程中，逐渐了解到对方的性格和人品，从而进行沟通。对于不同的人，就要用不同的方式对待，从而提高自己的职场情商。

2. 认识和管理自己

认识和管理自己也很重要，一个人如果不能很好地认识自己，就很容易给自己一个错误的定位，从而走错路。职场人必须对自己有一个清楚的认识才能够找到适合自己的工作方式。除此之外，还需要对自己进行管理，严格要求自己，给自己更高的期望，使自己能够向着更高的地方奋进。

3. 激励自己

员工只有时刻激励自己，才能够提高自己的斗志，才不会丧失信心。无论从事哪个行业，困难和挫折都是不可避免的。这时不能总是指望别人的关注和安慰。只有自己给自己激励，才能够重新站起来，有战胜困难和挫折的勇气。

4. 管理和他人的关系

员工时刻处在企业这个大团体中，只有通力合作，共同完成工作，才能够发挥出团队的力量。所以，团队中成员之间的关系就显得非常重要。员工可以通过与人交流、参加集体活动等方式来拉近和其他人的关系，从而实现良好的人际关系。

附：国际标准情商测试

这是一组欧美流行的EQ测试题，共33题，测试时间15分钟内。如果你已经准备就绪，请开始计时。

第1～9题：请如实选答下列问题，选择一个最符合自己的答案。

1. 我有能力克服各种困难。(　　)

A. 是的　　B. 不一定　　C. 不是的

2. 如果我能到一个新的环境，我要把生活安排得（　　）。

A. 和从前相仿　　B. 不一定　　C. 和从前不一样

3. 一生中，我觉得自己能达到所预想的目标。(　　)

A. 是的　　B. 不一定　　C. 不是的

4. 不知为什么，有些人总是回避或冷淡我。(　　)

A. 不是的　　B. 不一定　　C. 是的

5. 在大街上，我常常避开我不愿打招呼的人。(　　)

A. 从未如此　　B. 偶尔如此　　C. 有时如此

6. 当我集中精力工作时，假使有人在旁边高谈阔论（　　）。

A. 我仍能专心工作

B. 介于A、C之间

C. 我不能专心且感到愤怒

7. 我不论到什么地方，都能清楚地辨别方向。(　　)

A. 是的　　B. 不一定　　C. 不是的

8. 我热爱所学的专业和所从事的工作。(　　)

A. 是的　　B. 不一定　　C. 不是的

9. 气候的变化不会影响我的情绪。(　　)

A. 是的　　B. 介于A、C之间　　C. 不是

第10~16题：请如实选答下列问题，选择一个最符合自己的答案。

10. 我从不因流言蜚语而生气。(　　)

A. 是的　　B. 介于A、C之间　　C. 不是的

11. 我善于控制自己的面部表情。(　　)

A. 是的　　B. 不太确定　　C. 不是的

12. 在就寝时，我常常（　　）。

A. 极易入睡　　B. 介于A、C之间　　C. 不易入睡

13. 有人侵扰我时，我（　　）。

A. 不露声色　　B. 介于A、C之间

C. 大声抗议，以泄己愤

14. 在和人争辩或工作出现失误后，我常常感到震颤，精疲力竭，而不能继续安心工作。(　　)

A. 不是的　　B. 介于A、C之间　　C. 是的

15. 我常常被一些无谓的小事困扰。(　　)

A. 不是的　　B. 介于A、C之间　　C. 是的

16. 我宁愿住在僻静的郊区,也不愿住在嘈杂的市区。(　　)

A. 不是的　　B. 不太确定　　C. 是的

第17~25题:在下面问题中,请选择一个和自己最切合的答案。

17. 我被朋友、同事起过绰号、挖苦过。(　　)

A. 从来没有　　B. 偶尔有过　　C. 这是常有的事

18. 有一种食物使我吃后呕吐。(　　)

A. 没有　　B. 记不清　　C. 有

19. 除去看见的世界外,我的心中没有另外的世界。(　　)

A. 没有　　B. 记不清　　C. 有

20. 我会想到若干年后有什么使自己极为不安的事。(　　)

A. 从来没有想过　　B. 偶尔想到过　　C. 经常想到

21. 我常常觉得自己的家庭对自己不好,但是我又确切地知道他们的确对我好。(　　)

A. 否　　B. 说不清楚　　C. 是

22. 每天我一回家就立刻把门关上。(　　)

A. 否　　B. 不清楚　　C. 是

23. 我坐在小房间里把门关上,但我仍觉得心里不安。(　　)

A. 否　　B. 偶尔是　　C. 是

24. 当一件事需要我作决定时,我常觉得很难。(　　)

A. 否　　B. 偶尔是　　C. 是

25. 我常常用抛硬币、翻纸、抽签之类的游戏来预测凶吉。(　　)

A. 否　　　　B. 偶尔是　　　　C. 是

第26~29题：以下请按实际情况如实回答，仅须回答“是”或“否”即可。

26. 为了工作我早出晚归，早晨起床我常常感到疲惫不堪：是_________否_________

27. 在某种心境下，我会因为困惑陷入空想，将工作搁置下来：是_________否_________

28. 我的神经脆弱，稍有刺激就会使我战栗：是_________否_________

29. 睡梦中，我常常被噩梦惊醒：是_________否_________

第30~33题：本组测试共4题，每题有5种答案，请选择与自己最切合的答案。

答案标准如下：从不；几乎不；一半时间；大多数时间；总是

30. 工作中我愿意挑战艰巨的任务。

31. 我常发现别人好的意愿。

32. 能听取不同的意见，包括对自己的批评。

33. 我时常勉励自己，对未来充满希望。

计分时请按照记分标准，先算出各部分得分，最后将几部分得分相加，得到的那一分值即为你的最终得分。本测试最大EQ为174分。

第1~9题，每回答一个A得6分，回答一个B得3分，回答一个C得0分。

第10~16题，每回答一个A得5分，回答一个B得2分，回答一个C得0分。

第17~25题，每回答一个A得5分，回答一个B得2分，回答一个C得0分。

第26~29题，每回答一个“是”得0分，回答一个“否”得5分。

第30~33题，从左至右分数分别为1分、2分、3分、4分、5分。

计分及分析：

如果你的EQ在150分以上，那你就是个EQ高手：

你尊重所有人的人权和人格，不将自己的价值观强加于他人。对自己有清醒的认识，能承受压力。自信而不自满。人际关系良好，和朋友或同事能友好相处。善于处理生活中遇到的各方面的问题。认真对待每一件事情。

如果你的得分在130~149分，说明你的EQ较高：

你是负责任的“好”公民。自尊，有独立人格，但在一些情况下易受别人焦虑情绪的感染。比较自信而不自满。较好的人际关系。能应对大多数问题，不会有太大的心理压力。

如果你的得分在90~129分，说明你的EQ一般：

易受他人影响，自己的目标不明确。比低情商者善于原谅，能控制大脑。能应付较轻的焦虑情绪。把自尊建立在他人认同的基础上。缺乏坚定的自我意识。人际关系较差。

如果你的得分在90分以下，说明你的EQ较低：

自我意识差。无确定的目标，也不打算付诸实践。严重依赖他人。处理人际关系能力差。应对焦虑能力差。生活无序。无责任感，爱抱怨。

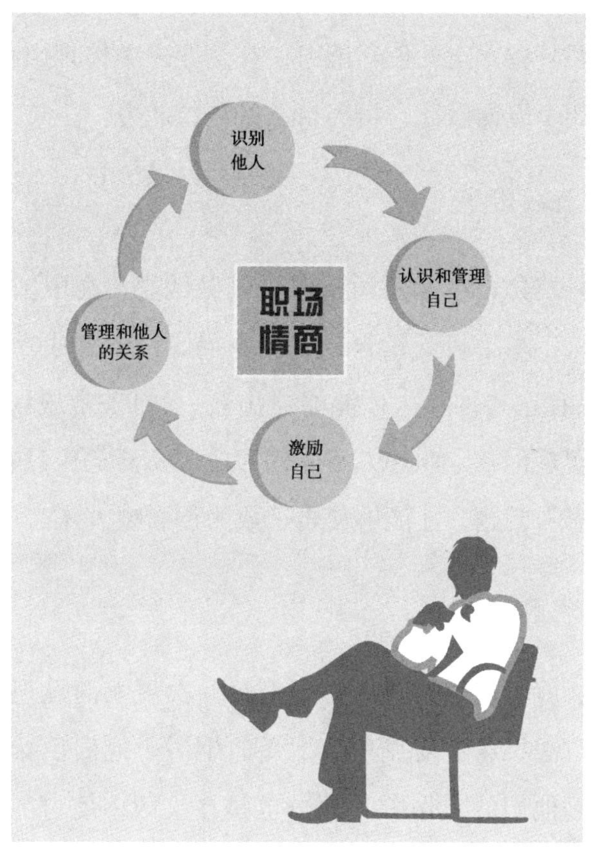

技能六：创新能力

当今时代，科技日新月异，职场竞争日趋激烈。归根结底，企业之间的竞争就是人才的竞争，是创新能力的竞争。创新能力是一个企业最大的核心竞争力和发展的推动力，职场人只有掌握了创新能力，才能够在一个企业中很快获得上级的重视和赏识，从而获得重用。特别是在现在这样一个创新就是生命的社会大背景下，创新能力就更显得重要。

若是想要具备一定的创新能力，在企业之中体现出自己的价值，就要从以下四个方面做起，培养自己的创新能力。

1. 敢于打破常规

著名的科技公司小米公司就敢于打破常规，在中国首先使用了只在网上销售小米手机的销售模式，获得了巨大的成功。所谓“推陈出新”，只有先“推陈”才能够“出新”。打破常规创新出新的东西，才能够实现创新。职场人不能固守成规，要记住只有独辟蹊径，从多个角度思考问题，才能够使自己成为创新型人才。

2. 不怕失败

要创新，就不能怕失败。历史上每一次重大的发现都伴随着无数次的失败。法拉第、麦克斯韦、爱迪生……他们虽然获得了很大的成功，但是他们的工作中大部分也是在失败中度过的。所以，员工必须不怕失败，不断地努力尝试，才能够创造出新的东西。

3. 有创新意识

在工作中，员工还应该时刻有着创新的意识。创新的意识决定了职场人是否有实现创新的想法和激情。要具有创新意识，就要在工作中有意识地观察和思考一些问题，通过这种日常的自我训练来锻炼自己的观察能力和灵活性。从而培养出创新的习惯，这样就更容易为自己的创新做准备。

4. 热爱自己的工作

热爱自己的工作是创新的前提和基础。试想一下，如果你都不爱自己的工作，对工作持一种漠视和冷淡的态度，你又怎么去关注工作呢？不关注工作，创新又从何来。创新不是凭空想出来的，而是来源于实实在在的工作中。只有热爱自己的工作，才能够使自己的创新灵感永不枯竭。所以，热爱自己的工作也是培养创新能力的很重要的一个部分。

技能七：交际能力

职场直播间

王小英是公司里有名的美食达人。在工作之余，她经常和同事一起分享一个个饭馆的口碑，简直就是一个“大众点评网”。王小英的口头禅就是“晚上一起吃饭，有什么事情那时候再说!”她时不时就组织同事们一起聚餐，在餐桌上成为朋友的概率比在办公室里要高上几倍。

在类似于聚餐这种互动的模式和轻松的氛围，再加上两杯酒下肚，再紧绷的神经也可以放松了。因此，王小英在公司里的人缘很好，连领导都成了她的朋友。

王小英无疑是一个交际高手，她利用聚餐的气氛使自己和其他同事之间建立了很好的关系。相信若是她在工作中遇到了困难，肯定能找到对她有所帮助的人。在办公室中拥有好的人缘，不仅能够为每天的职场生活带来好的心情，更能够使自己的事业成功的步伐加快几倍！员工必须在工作中拥有很好的交际能力，才能够打造良好的职业人脉为自己所用。

同事之间的交际是不能避免的，但是与同学或其他人相比较，同事之间的关系比较难以相处。因为同事之间往往夹杂着利益冲突和竞争。当职场渐渐成为生活中很重要的部分的时候，这些问题就不能再逃避，只能主动去解决。

每个人的背景、性格都各不相同，所以在短时间内建立起良好而融洽的合作关系也绝非易事。职场人要从一个个小细节出发，比如，见面打个招呼，与别人交谈的时候正视对方的眼神等，这些都能表现出自己与人交际的诚意。只要做好这些小小的细节工作，再难相处的同事也能够完全被融化。同时，这样做还会让同事们对自己的印象值立即提高，进而愿意和你合作。

通过交际和同事建立良好的合作关系要记住几个准则：首先，要用诚信来对待别人，因为这样才能让别人以同样的真诚来对待你；其次，肯定并赞美同事们的优点，严于律己，宽以待人；最后，不要轻易许诺别人，虽然这样也许会得罪于人，但是比许下承诺不能完成而失去他人的信任要好得多。

记住著名成人教育家卡耐基所说：一个人的成功 15% 靠专业知识，而 85% 靠人际关系和处世技巧。

技能八：压力管理

所谓压力，就是指没有足够的能力应对重要情景的情绪与生理紧张反应。在生活中几乎每个人都会有不同程度的压力，身在职场的压力因为竞争、工作等肯定会更大。如果不能很好地对这些压力进行管理，就会对自己的工作产生很坏的影响，还会对自己的身体造成伤害。所以，职场人掌握压力管理的能力很重要。

职场直播间

作为公司里的技术员，钱景言的压力最近很大。为了应付另外一个公司的竞争，公司领导要求钱景言必须在技术上有所突破。钱景言压力很大，工作时浑浑噩噩。在这种状态下，又怎么能够安心工作呢?

钱景言的好朋友看到他这样消沉，就建议他和自己一起去张家界玩玩。于是钱景言就利用假期和朋友一起去了张家界，在张家界的自然景观中，钱景言忘记了自己的压力。在游玩了几天后，钱景言感觉压力释放了很多。回到公司后，他很快就突破了一些技术难题，获得了公司领导的表扬。

钱景言在面对压力的时候，由于没有压力管理的能力，没能很好地缓解压力，出现了消沉的情绪。而朋友的建议让他很好地释放了自己的压力，使自己的情绪得以平复，重新投入到平常的工作中去。

那么该怎样觉察压力呢？一般来说，压力有三个层次：稍微过多的压力引发纷乱的情绪；较大的压力带来躯体各种不适反应；过大的压力出现意识缩窄，对环境反应迟钝，身心处在边缘。很多人都应该处在第一个层次，如此就可以借助压力管理的方法来排遣自己的压力。一般，压力管理有三种方法。

1. 找到身体和精神两方面的平衡

精神压力过大就会引起身体的不适，此时放松可以让身体的压力减轻很多。当员工集中心智工作太久，或者长期处在竞争的环境里，可以通过放松来缓解工作上的压力，比如，参加一些体育运动或旅游、找人倾诉等，都有助于压力的缓解。

2. 找到处理压力的方法

每个人适合自己的处理压力的方式都不一样，职场人要找到适合自己的处理压力的方法。比如案例中的钱景言，他的处理压力的方式就是去旅游，放松自己。职场人要按照各种生活场景给予恰当的提示和指导，从而找到适合自己的处理压力的方法。

3. 保持积极心态

良好的心态会增加人们应对压力的能力，不良的心态本身就是一团乱麻，干扰人的内心。当然，更重要的是要对压力有正确的观念。其实压力本身并不可怕，可怕的是对压力有不正常的观念和反应。越怕压力的人，压力对他的影响就会越大。

附 1：压力测试题

你的心理压力到底有多重？是不是到该缓解压力的时候了？对下列各题做出“是”或“否”的回答。

1. 经常患感冒，且不易治愈。

2. 常有手脚发冷的情形。

3. 手掌和腋下常出汗。

4. 突然出现呼吸困难的苦闷窒息感。

5. 时常有心脏悸动现象。

6. 有胸痛情况发生。
7. 有头重感或头脑不清醒的昏沉感。
8. 眼睛很容易疲劳。
9. 有鼻塞现象。
10. 有头晕眼花的情形发生。
11. 站立时有发晕的情形。
12. 有耳鸣的现象。
13. 口腔内有破裂或溃烂情形发生。
14. 经常喉痛。
15. 舌头上出现白苔。
16. 面对自己喜欢吃的东西，却毫无食欲。
17. 常觉得吃下的东西像沉积在胃里。
18. 有腹部发胀、疼痛感觉，而且常下痢、便秘。
19. 肩部很容易坚硬酸痛。
20. 背部和腰经常疼痛。
21. 疲劳感不易解除。
22. 有体重减轻的现象。
23. 稍微做一点事就马上感到很疲劳。
24. 早上经常有起不来的倦怠感。
25. 不能集中精力专心做事。
26. 睡眠不好。
27. 睡觉时经常做梦。
28. 在深夜突然醒来时不易继续再睡着。
29. 与人交际应酬变得很不起劲。

30. 稍有一点不顺心就会生气，而且时有不安的情形发生。

评分规则：

“是”为1分，“否”为0分。各题得分相加，统计总分。

0~10分：你能够应付生活中的许多事情，但有时也会有些烦恼，这是正常的。

11~20分：你有轻度的心理压力，虽然常会体验到不必要的烦恼，但你基本能处理生活中的问题。你应学会调节自己的心情，保持轻松愉快的心境。

21~30分：你已经在承受巨大的心理压力，不能处理生活中的许多问题，因此使你紧张、不安，影响到你的学习、生活、身心健康。你应尽快改变这种情况，否则将使你的学习、生活不能正常进行。

附2：压力缓解测试题

在成功背后、压力面前，你最需要的是什么？不妨做一做下面的测试。

如果21世纪最壮观的流星雨将会来临，你会选择在哪里看这场流星呢？

A. 海边　　B. 山顶　　C. 草地　　D. 屋顶

答案：

选择A的人：

对你来说，当生活中出现挫折或者失败的时候，最好的安慰是爱情。所以，找到真心相爱的人，是你追求成功的同时必须要考虑的。

选择 B 的人：

你是一个很乐观的人，相信再大的问题都会过去。对你来说，拥有一帮能够倾吐苦水的朋友是最重要的。

选择 C 的人：

你有些喜欢靠幻想来排解压力和焦虑。这样的排解只能解一时之需，但从长远来看，你还需要自我成长、锻炼自己应对现实和挫折的力量。

选择 D 的人：

你通常喜欢把自己的生活安排得满满的，让工作占据你大多数时间，这样的你比较容易出现人际关系问题。所以，你最需要的是扩大社交圈，融入群体之中。

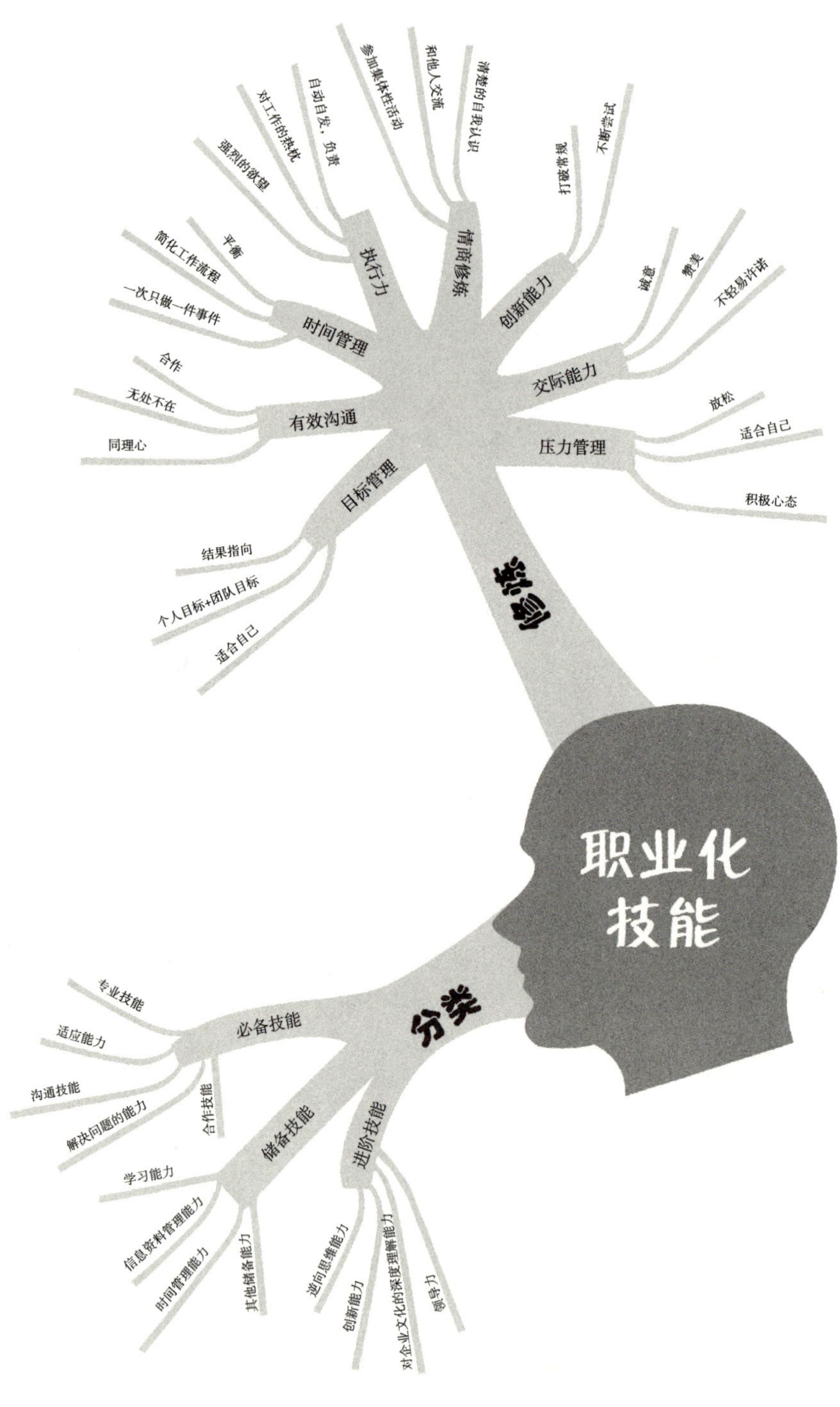
职业化技能
修炼
执行力
强烈的欲望
对工作的热忱
自动自发，负责
情商修炼
参加集体性活动
和他人交流
清楚的自我认识
创新能力
打破常规
不断尝试
交际能力
诚意
赞美
不轻易许诺
压力管理
放松
适合自己
积极心态
时间管理
平衡
简化工作流程
一次只做一件事件
有效沟通
合作
无处不在
同理心
目标管理
结果指向
个人目标+团队目标
适合自己
分类
必备技能
专业技能
适应能力
沟通技能
解决问题的能力
合作技能
储备技能
学习能力
信息资料管理能力
时间管理能力
其他储备能力
进阶技能
逆向思维能力
创新能力
对企业文化的深度理解能力
领导力

第四章

从头到脚、从里到外看起来像那一行的人

——职业化形象打造

第 四 章

从头到脚、从里到外看起来像那一行的人

职场形象的重点

形象是一个人的门面，在职场中给人的第一印象是尤为重要的，良好的个人素质修养和个性的审美观都起着至关重要的作用。所以，一个良好的形象能让自己变得独具风格、与众不同，成为备受瞩目的舞台焦点。

职业化形象需要与企业高度契合

职业化形象就是指在大众面前树立的一种符合企业及职业特征的专业印象，包括外在形象、知识结构、素质修养和专业技能。它是通过日常工作中的衣着打扮、言谈举止来映射出你的专业态度和个人能力。通俗点讲，就是穿衣打扮和言行举止要非常适合现在所做的工作或者能看出所干的行业。

那么职业化的形象表现在哪里？职业化就是在合适的时间和地点做合适的事情，具有职业化形象的人，外在形象得体、肢体行为表现得训练有素，能随时随地体现出个人的专业技能，且具有规范化和标准化。

员工在企业内部就是企业的一分子，而在外部就是代表着企业的形象，是企业的代言人。得体的职业化形象会给初次见面的人留下一个良好的印象。一个具有职业化形象的员工是企业形象的具体表现。员工的气质代表着企业的气质，员工的素质代表着企业的素质，员工的行为代表着企业的行为，而员工的着装也代表着企业的精神面貌，蕴含了整个企业的精神文化和人文素养。一个着装得体、整洁的员工会给人一种成熟、稳重和诚信的感觉，这也瞬间提升了企业的形象。

所以，一个员工的形象不仅仅代表了自己，也代表了企业。所谓“一叶知千秋”便是这个道理。当员工自身的职业化形象成为一个标志和沟通工具时，那么就一定要塑造和维护好自身的形象，这也是一种提升。

那么，在企业中如何提升职业化形象?

职业化形象是一种无声的语言，他人不用交谈便能从形象中读出所蕴含的信息。那么怎么才能提升自身的职业化形象从而给自己加分呢?

首先，提升个人气质。气质看似无形，实为有形。气质是通过一个人的言谈举止、个性特征所表现出来的。热情而不冷漠，大方而不小气就表现出一种高贵的气质；做作浮躁或自命不凡，就是低劣气质的表现。

其次，提升、改善自己的外在形象。运用 TPO 原则，即自身形象注重时间（Time）、场合（Place）、机会（Opportunity），提升自身能力，开阔视野和学习更多技巧，发展自身特点，扬长避短。

最后，注意肢体语言、提升办事能力。肢体语言给人更加深刻的印象，办事干练细致亦能给自己加分。

第四章

从头到脚、从里到外看起来像那一行的人

形象与着装需注意场合

职场直播间

刘杰大学毕业半年仍未找到工作。一天，他好不容易接到一个面试通知，结果第二天却起晚了，他不敢耽搁，刚起床就急匆匆地跑了出去。

他来到了一栋楼前，要进去时却被一个保安拦住了。

“您好先生，您不能进去。”保安有礼貌地说道。

“为什么？我是来面试的，别耽误我时间。”刘杰很疑惑地说。

“我们公司要求面试者应该穿正装，现在您头发凌乱，睡眼惺忪，还有休闲的装扮是不符合我们公司的要求的，您还是请回吧。”

刘杰的形象显然不符合面试场合！在与人打交道时，往往要以不同形象出入不同的场合。此时形象和着装就显得尤为重要。那么如何去改善，才能更好地融入到当前的场合当中呢？

对于每一个员工来说着装的基本礼仪要求是：得体应景。员工应该懂得依照自己所处的具体场合，选择相应的服装。根据礼仪的规范，员工所接触的场合无外乎三类：公务场合、社交场合和休闲场合。

1. 公务场合

指员工上班处理公务的地方。办公室是个严肃的地方，所以着装应该端庄大方，体现出一个人的精神面貌和企业的整体形象。既不能过于时尚，也不能强调个性，显得随便。因此，处在这样严肃的场合应该表现出稳重成熟的形象，穿着也应该严谨得体，着装应当重点突出庄重保守的风格。

2. 社交场合

指员工在与同事、朋友或者合作伙伴交流谈话时的场所。身处这种场合是为了更好地处理人与人之间的关系，增进双方的感情。在形象上应当重点突出时尚个性的风格，这里不是办公室，因此不需要让自己那么严肃，也不用过于保守从众，正正规规，但也不宜过分随便邋遢。

3. 休闲场合

指人们在公务、工作外，闲暇的时间进行休闲活动的空间，通俗地讲指的就是用来娱乐的地方，这里是自己的私人时间，所以着装的重点应当突出舒适自然的风格。

根据场合来改变自身的形象和着装，是一种道德行为规范，直接的目的是为了表示对他人的尊重。按照礼仪要求去做，就会使人获得尊重的满足，从而更加愉悦，由此达到人与人之间关系的和谐。

提升职业形象需找对方法

一个员工的形象将可能影响到他的职业发展前景，甚至会直接影响到他的成败。良好的职业形象可以增加竞争实力，提升自身成功率。所以，提升自身职业化形象是每一个渴求成功的职场人士刻不容缓的任务！

职场中注意外在形象

无论你多么聪明，工作多么努力，如果你不注重着装和谈吐细节，那么在当今的职场中取得成功是很难的。事实上，个人展示给外界的形象是能够控制的。衣着、发型、举止、微笑和其他无法用言语传达的信息，构成了职场人精明能干、知书达理、优雅的形象。如何打造一个适合你本人职业性质，又能塑造个人独特气质的形象呢？

穿着职业装不仅仅是对服务对象的一种尊重，同时也能使着装者更富有职业形象和气质。衣着反映了一个人文化素质的高低和审美情趣的雅俗，所以着装者的企业形象、精神以及文化都淋漓尽致地体现在服饰的具体表现上。具体来说，职业化穿着应该自然得体，干净大方，庄重严肃，也要遵守规范和原则。着装应该与自身条件相适应，且要注意客观环境对着装人的要求，着装前应考虑时间、地点和目的，并且在穿着和打扮上尽量与时间、地点、目的保持协调一致。

言语作为一门艺术，也是个人礼仪的一个重要组成部分。语言是沟通的桥梁，是双方思想感情交流的渠道。语言沟通在人际交往中占有最基本和非常重要的位置，关键在于尊重对方和自我谦让。

首先，在与他人的交流中应多使用敬语，特别是在正规的社交场合或者与长辈、地位较高的人交谈时更应如此。在与他人初次打交道时也应该注意自己的言谈举止，在会议、谈判等公务场合时更应该注意自己的言谈举止，给人留下良好的第一印象。

其次，在交流中谦语的使用也是必不可少的，用来向人表示谦恭的一种心态。经常在职业场合中使用谦语，可以表现出你的谦虚心态，尊重了他人也得到了他人尊重。

最后，交谈中使用雅语可以使话语得到升华，它在正式场合或者女性在场的情况下，被用来代替那些比较随便或者粗俗的话语，多使用雅语能体现出一个人的文化素养。

在与人交谈时还要注意与他人保持适当距离，太远会让人感觉你的态度不诚恳，太近又会让他人没有安全感。交流时注意恰当的称呼，要选择性的交谈，有些私密问题切记不要问，打听这些也是不礼貌的表现。

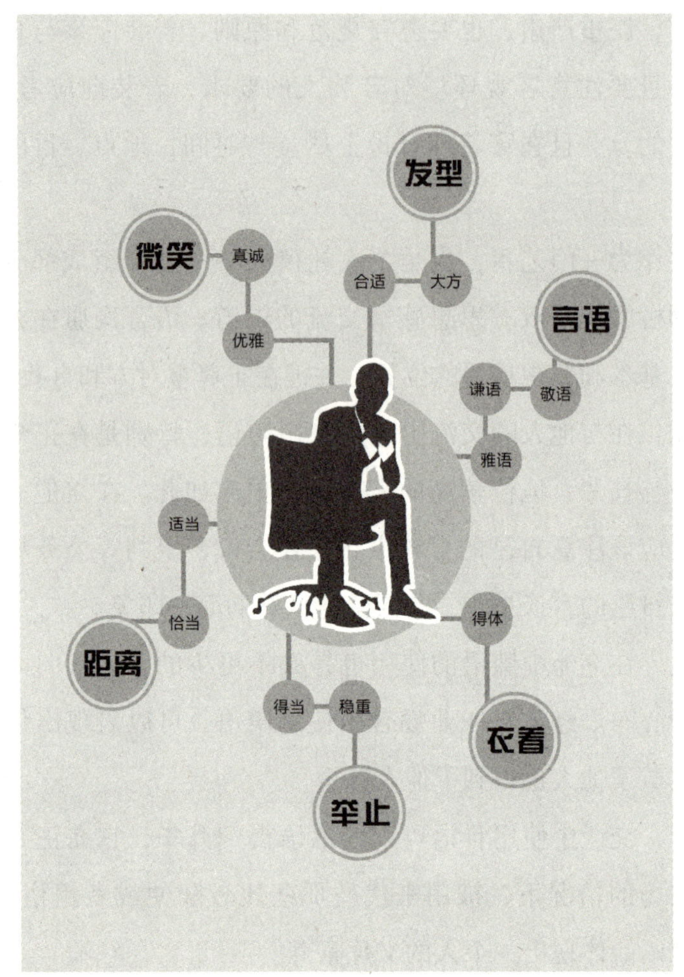

会议中注意细节

机遇是留给那些有准备的人的。对一个人而言，无论做什么事，如果事前没有做好充足准备，那么注定会导致失败的结局，所以作为一个职业化的员工应该考虑全面，准备工作细致、周全。比如开一场会议，作为会议组织者应该怎么下达通知，怎么安排会议场所和会议所需物品呢？作为会议参与者如何做好时间安排和会议记录呢？

1. 作为会议组织者需要注意的细节

第一，时间，地点。

会议发起人需要告知参加会议的人员，会议开始的时间和会议所持续的时间，以及在什么地点进行会议。在选择会议地点时，应首先考虑会议的人数，再根据人数选择适合的会议场所。

第二，流程，路线。

如果去参加其他公司的会议，那么就应该合理安排自己的工作和路线。安排较好的路段，避开闹市区，保证上司在路程中不受外界干扰，既能节约时间，又能方便上司和对方见面。

第三，人员，资料。

发起者应先说出主持会议的人员，如果有外部客户参加，那么就应该详细说明：会议有哪些人来，他们来的目的是什么。并将来访者的详细资料打印出来下发到各个参会者手中，使他们详细了解来访者的信息。

第四，用品，设备。

根据会议的类型和目的来确定会议所需要的物品有哪些。比如，一般会议都需要的用品和设备：桌椅、黑板、笔纸、麦克风之类。如果是一些特殊会议，比如，谈判或者展览之类，就需要特殊的用品和设备。比如，放映机、幻灯片、投影仪、电脑音箱之类的。会议所需物品、资料应该事前制订周密的准备方案，尽量列出所需用品设备的名称、数量和价格，一定要注意所准备资料和物品的完整。

第五，通知。

将以上事情做好后，发起者应该向参加会议的人员发放通知，一般情况下要在会议前几天将通知发放下去，这样可以让参加会议的人员做好充足准备。例行的小会议可以使用电子邮件等便捷的方式通知参会人员。如果是紧急会议，就需要及时下发通知，并快速简洁地说出参会人员所需注意事项。

2. 作为会议的参与者需要注意的细节

第一，参议人员在得到通知后，应该对自己的工作进行安排，防止时间上有冲突。

第二，应该清楚明白的了解会议的重点是什么，主题是什么，根据中心去选取会议所需的资料。

第三，参议人员应该准备好笔记，记录会议的内容。参议人员可以择其要点而记，不是有言必记。同时，应该根据内容迅速作出分析判断，哪些应该记，哪些可以放弃，适当进行归纳，着重记下要点。另一种方法是详细记录，就是要求把所有发言者的话语尽可能一字不漏地记录下来，做到有言必录。参议人员应该学会速记，可对通用词汇采取简化方法记录，会后予以补正。

第四，其他有关于会议的参考建议：

（1）会议文件提前发送，告知讨论内容；

（2）会议结束要有结果，方可结束会议；

（3）会议结果执行要有人负责、有人监督、有奖惩、有时间限制；

（4）按照秩序和预定时间发言，发言没有按时完成的在会议最后补充；

（5）职位越低越先发言，总经理最后发言做总结（若是高层先发言，其他人就不敢发表自己的看法了）。

要知道会议的最终目的：沟通并解决工作问题。

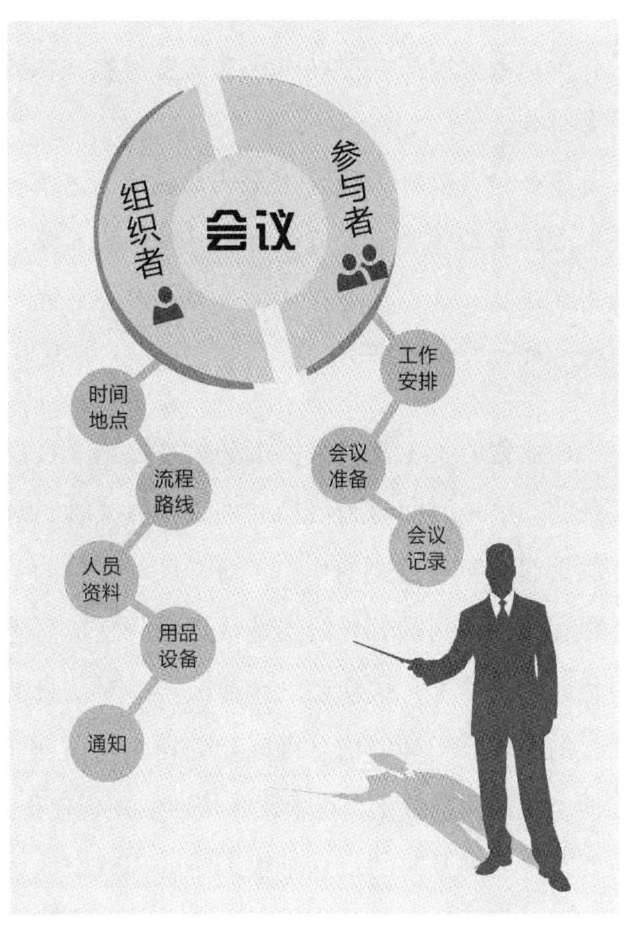

工作中注意提供信息的正确与及时

职场直播间

三星公司内部有一个规定，他们要求员工在发现市场内的重大信息的时候，必须第一时间立即以面谈或者电话的方式通过董事会秘书向董事会报告。

同时，董事会秘书必须在24小时之内将重大信息有关的书面文件直接递交或者传真给董事会。有必要的时候，甚至要求将原件以特快专递的形式送达。这在很大程度上帮助三星公司在了解市场信息上更加快速、准确、及时。

作为一个职业化的员工及时提供市场信息在当今社会是非常重要的。事实证明，第一时间得到信息并确定其真实性，对公司所做出的判断和决策起到至关重要的作用。对于民间流传的不实信息未经判断就上报，会给公司的领导阶层造成混乱，造成恶劣影响。现今是信息时代，不论是平常民众还是企业公司，对信息的需求度都出现了井喷式的增长。正确的信息可以让公司走在前列，先于他人一步，并促使企业走向定量化、科学化，从而实现现代化。

但是想要获得准确及时的信息是很困难的，整个社会充斥着太多的虚假信息，扰人耳目，所以员工应该有自己可靠的渠道去获得信息，也要有犀利的眼光去辨别信息。

信息是具有时效性的，任何信息都必须在对其作出决策前得到它，才能发挥其应有的功效，否则就失去了价值。因此，信息的及时性要求企业对已经发生的事项进行及时的确认，记录和报告。所以，员工获得信息后应立即进行整理和加工，作出报告，在短时间内将信息传递给上司，让具有时效性的信息充分发挥它的作用。

我们处于信息时代，各种各样的信息在急速增长，应该注意信息的正确性。信息的可靠性不能完全靠人工来鉴别，人工有着不精确性和主观性。得到一个信息后，先尝试着对信息进行解剖和分析，找出信息中的关键内容，得到其真实情况，如实反映给上司，切勿受到主观意识的左右。还必须采用正确的处理方法，如果处理不得当，甚至方法错误，将会使信息失去作用，变得不确定从而失去可靠性。

当员工没有鉴别信息的正确性就给予上报，会对决策者的判断产生干扰，从而影响到决策者下达正确的命令。所以，员工在面对一个新的信息时应对其进行正确的分析判断。注意信息的真伪性是每个员工应尽的义务，在信息不确定的时候切勿草草了事，如果自己不能分辨，可以利用网络渠道来加以确认，或者可以拿出来让大家共同商讨，待信息的正确性得到证实后再上报给上司。

社交中注意基本礼仪及体态语言

礼仪是在人际交往中，以一定的约定俗成的程序方式来表现的律己敬人的过程。从个人修养的角度来看，礼仪可以说是一个人内在修养和素质的外在表现。从交际的角度来看，礼仪可以说是人际交往中适用的一种艺术、一种交际方式或交际方法，是人际交往中

约定俗成的示人以尊重、友好的习惯做法。从传播的角度来看，礼仪可以说是在人际交往中进行相互沟通的技巧。

接待来访客户是很多企业员工经常性的工作，而在接待过程中的礼仪表现，不仅关系到自身形象，还关系到企业形象。所以接待来访者的时候，礼仪是非常重要的。

在职场中应该注意自身的个人形象，保持身体清洁无异味。有客户来访时，应该面带微笑，马上起来迎接，微笑服务，切忌面无表情。

在与来访者交流时，应该认真倾听来访者的叙述，做一个合格的倾听者。对于他们的意见不要轻易回绝，能够答复的应立刻回复，不要犹豫不决。不能答复的，要约定一个时间以后联系，不要让来访者等待。

正在与来访者交流时，期间有电话或者其他突发事情，不要中断谈话，冷落了来访者。而对于来访者的无理要求应该礼貌拒绝，不要刺激来访者，以免发生冲突，出现不必要的麻烦。结束接待时，应该起身相送，让来访者感觉到我们的态度，给来访者留下好印象。

体态语言也是一种无声语言，能反映出一个人的精神面貌，因而企业员工必须注意体态姿势。

员工在面对来访者时，动作要自然，自然见真诚。切勿动作生硬，如木偶般死板，像是刻意表演。那样会让来访者感觉别扭做作，缺乏诚意。动作要轻柔，不要过于烦琐复杂，拖泥带水，太大幅度会吓到来访者，多余的动作是毫无意义的。

交谈时，适当加点动作是很有必要的，这些动作往往能强调原来的情绪，但不要老重复一种动作。要善于根据内容、情绪来适当变化动作姿态，表现出朝气和魅力，充分向来访者展示企业的形象。

得体的社交礼仪能让来访者感觉到我们的态度，给来访者留下好印象。

合作中注意协调与沟通技巧

沟通协调是指管理者在日常工作中妥善处理好上级、同级、下级等各种关系，使其减少摩擦，以调动各方面工作积极性的能力。管理者要想做到下级安心、上级放心、同级热心、内外齐心，必须要具备良好的沟通协调能力。

职场中的每一个人都希望被别人所尊重。因为尊重是对他人的一种肯定，也是一个人优良品质的表现。只有尊重别人，才能被别人所尊重。相互尊重是协调各种人际关系的重要一环，这是取得双方信任和帮助的前提。

尊重上级可以获得上级的信任和了解，避免和上级产生障碍，有效地协调了上下级的关系。尊重同级表现在相互帮助配合，相互信任谦让，不争权夺利，多看他人长处。尊重下级表现在支持和肯定下级的工作，对下级的意见和建议认真听取，对下级所作出的成就加以肯定，并予以赞赏。

其次，在协调人际关系时也要相互了解。了解上级，就是了解上级在工作中的方式，比如，上级在处理问题时的看法和态度，还应适当了解上级的生活习惯，知己知彼。了解同级，表现在工作当中双方协调一致，配合默契。了解下级则表现在，了解下级的心理变化和情绪变化，了解他们需要什么帮助等。

职场中，沟通也是非常重要的。良好的沟通能让双方产生很好的共鸣，增进双方的了解，从而达成共识，所以这就需要员工们有着良好的沟通技巧。

员工在与他人沟通时，应该坦白的讲出内心的真实想法，不要加以编造。也不要说不该说的话，口无遮拦的乱说，胡说，这样会让别人感觉虚假，从而不愿意与你继续交流下去。在交流当中一定要尊重他人，若对方不尊重你，你也要适当请求对方尊重，切勿恶语相向，所谓“祸从口出”，批评、责备和辱骂都会使事情变得更加糟糕，从而失去了原本交流的目的。在沟通时一定要把握好自己的情绪，稳定的情绪可以实现更加持久的沟通。如果沟通时情绪不稳定，很容易冲动继而失去理性，尤其是不能在富有情绪的沟通中做出冲动的决定，这很容易让事情变得无法挽回，令人后悔。所以，在沟通时一定要多多注意，适当的沟通技能可以免去很多的麻烦，也可以让自己在职场中站住脚跟。

穿着中尽量在颜色、标识上能够统一

所谓“国有国法，家有家规”，每个企业自然也有自己的规章制度。现如今竞争激烈的市场中，必须想尽一切办法来吸引大众的眼球，以提高企业知名度。统一着装是企业文化的一种体现，对外代表着企业形象，对内有利于培养团队精神，增强员工们的归属感和自豪感，塑造更好的企业新面貌。

颜色和标志创造独特的企业文化，着装的统一能反映员工的精神面貌，体现出一种企业的文化内涵。设计独特的着装能体现企业的价值观，比如，深色调的显示出成熟和稳重，浅色调的显示出阳光朝气，拥有颜色和独特的设计的着装更富有创新精神，通过着装的颜色和款式来表明穿着者的身份或所从事的工作性质。着装的统一可以让员工穿着时感到舒适，有利于提高工作效率，减轻疲劳程度。

标识作为企业价值观念的体现，在潜移默化中造无形于有形，产生积极影响。统一的着装是企业树立社会形象的重要载体，统一的标识代表着企业所表达的一种内涵、一种思想、一种精神。鲜明的标识是获得他人认同的感官利器，可以帮助企业吸引公众注意力，获得更多的利益，着装标识的统一可以让别人读出企业的信息。因此，标识是企业形象的战略先导，让别人通过标识所传递信息增强对企业的认同。

无论下班时员工在干什么，上班只要穿上统一的着装，就能使他们立刻进入工作状态，调动其积极性。要提升一个员工，首先是改变其观点，而后是改变其行为，这是企业员工行为管理中很有效的方法。统一着装可以提高提供服务的感官质量，更利于企业形象的展示，也便于客户识别。统一着装可以提高员工们的士气，让员工们产生自豪感，有利于团队精神的形成，进一步提高企业效益。

职场员工的着装是企业精神面貌的直观体现，是企业的“脸面”。从这张脸上就能看出企业的气质文化和专业素养，统一的着装树立企业形象。员工穿着工作服既是个人形象的包装，也是企业形象的体现，同时也能获得广大客户的认同，员工们可以通过展现自己的魅力和个性特色，为企业增加一道亮丽的风景线。

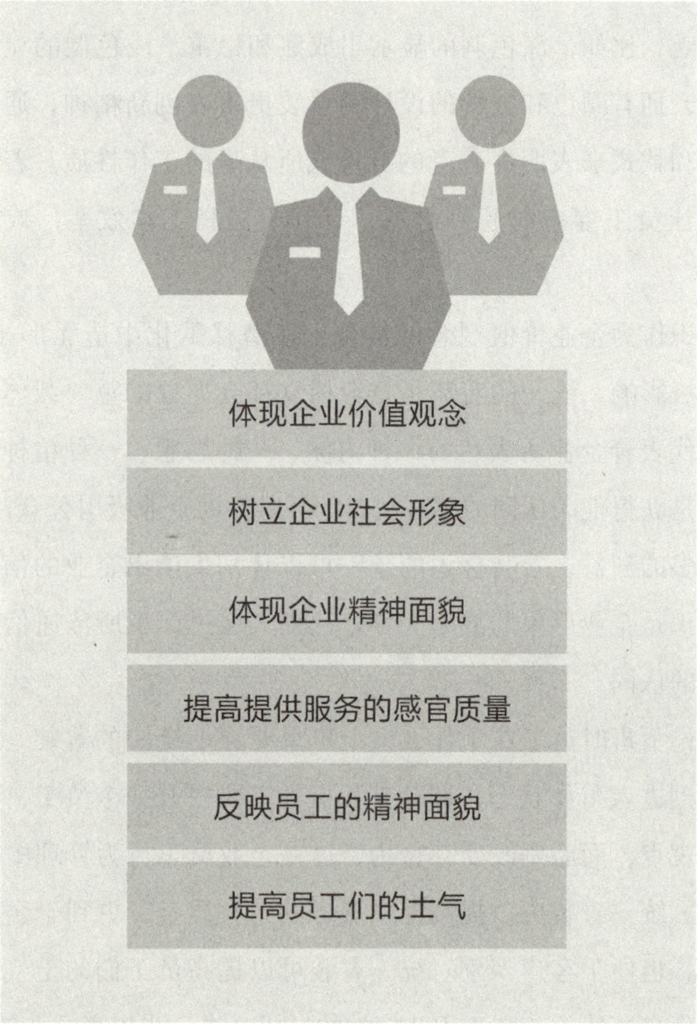

体现企业价值观念

树立企业社会形象

体现企业精神面貌

提高提供服务的感官质量

反映员工的精神面貌

提高员工们的士气

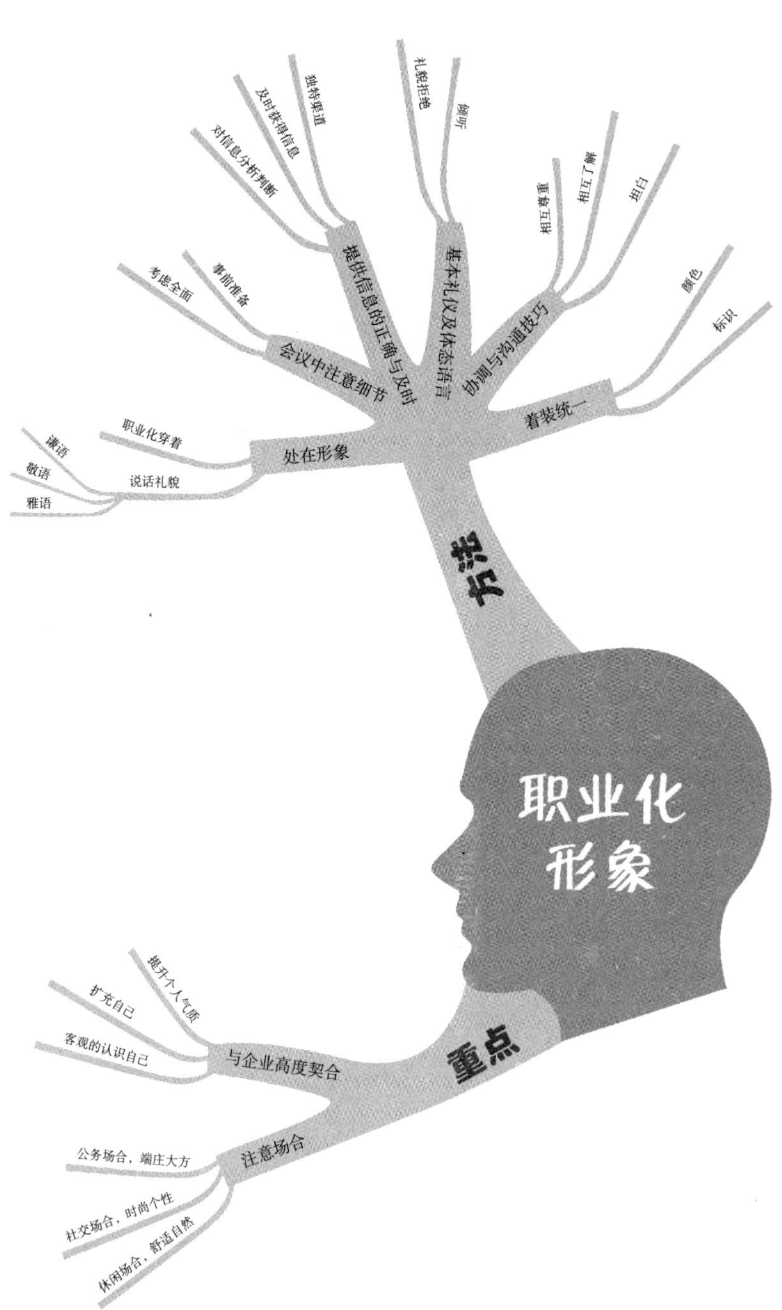
职业化形象
方法
处在形象
职业化穿着
说话礼貌
谦语
敬语
雅语
会议中注意细节
考虑全面
事前准备
提供信息的正确与及时
对信息分析判断
及时获得信息
独特渠道
基本礼仪及体态语言
礼貌拒绝
倾听
协调与沟通技巧
相互尊重
相互了解
坦白
着装统一
颜色
标识
重点
与企业高度契合
提升个人气质
扩充自己
客观的认识自己
注意场合
公务场合，端庄大方
社交场合，时尚个性
休闲场合，舒适自然

第五章

坚持原则，维护企业的品牌与信誉

——职业化道德素养

第五章

坚持原则，维护企业的品牌与信誉

职业道德缺乏的原因

职业道德是企业评价员工和应聘者很重要的一个标准，很多公司都是以“有德无才者培养，有才无德者慎用，德才兼备者重用，无德无才者不用”的标准来挑选员工的。这里面所说的“德”就是指职业道德。由此可见，职场人具备职业道德的重要性。很多职场人被公司所辞退并不是因为自己的能力不够，而是因为职业道德的缺乏。那么是什么原因导致了职业道德的缺乏？原因有很多。不过只要职场人认识到自己职业道德缺乏的原因，就能够从根源做起，解决问题，成为一名合格的职场人。

所受教育的偏差

职场直播间

吴翔最近又换工作了，这已经是他一年内的第三份工作了。然而，令人感到迷惑的是，吴翔这三份工作全是被老板炒的鱿鱼。原来，他被辞退都是因为自己职业道德存在很大的问题。

对于小学毕业就由于家庭贫困而辍学的吴翔来说，去大城市打工就成了他追求梦想的唯一途径。到了大城市，他就进了工厂工作，也确实吃了不少苦。后来，吴翔发现，到了夜里，车间里根本就没有人把守，于是他萌生了一个主意。他接受一些小活，在夜里的时候利用车间里的机器进行工作，给自己增加一点儿收入。后来被人发现并告知领导，领导直接就把吴翔开除了。后面的两个工作也是因为类似的原因被领导开除。

吴翔对此一直很抱怨，他认为自己并没有做错什么，夜里机器闲着也是闲着，还不如让自己挣点外快。

很明显，造成吴翔不职业化的行为是受限于他所受教育的不足而引起的对职业道德的理解产生偏差而引起的。他始终没有理解职业道德的意义是什么，这就导致了他始终做不到成为很好的职业化员工，最终只能接受被老板开除的结果。春秋时期，齐桓公任用了煮子的易牙和自宫的竖貂，结果自己却被他们害死。就像齐国名相管仲说的那样：“人无不爱其子，自己的儿子尚且不爱，焉能爱君。”所以，没有人会任用道德败坏的员工。

确实，受到的教育能从很大程度上决定职业道德的水准，而受教育的偏差会直接导致职业人的职业道德水平不高，做出一些有损职业道德的事情，有时甚至会做出渎职的事情。其实，这并不是那些职业人故意为之，而是因为所受教育有限，不能很清楚地理解职业道德的意义，才会导致这种事情的发生。

其实，遇到这种问题也很好解决，首先就是要提高自己各方面的修养，增加自己各方面的科学知识，帮助自己理解职业道德的意义；其次就是有向他人学习的意识，对于道德水平较高的人可以效仿；最后还要有一种敬业的态度，在工作中做到兢兢业业。这样就能弥补受教育偏差所带来的负面影响，成为一个优秀的职业人。

员工缺乏职业道德教育

不得不承认，现在社会上普遍存在企业员工职业道德教育效果不显著的现象。这是员工缺乏职业道德的原因之一。有很多员工对自己的职业和规划等根本就不到位，这就导致员工很容易出现不职业化的现象。员工工作时不能很好地遵守职业道德，与自身缺乏职业道德教育有着直接的关系。

从员工的表现来看，因为缺乏职业道德教育而缺乏职业道德的现象主要有三点：

1. “敷衍了事”

部分员工对职业道德培训缺乏足够的认识，认为这种培训是企业领导怕员工“闲”出毛病，走走形式而已。有的员工在参加培训时表现出“身在曹营心在汉”的应付心理。

2. “与己无关”

部分员工对企业所进行的职业道德培训不感兴趣，认为“事不关己，高高挂起”。

3. “消极逆反”

当前社会上不同程度地存在着官僚主义、腐败现象、分配不公问题。一些员工因此而对职业道德培训有着较强的逆反心理。要知道，祈求这个世界很公平，是一件非常困难的事情。还是从手边的事情做起，先做好自己的工作，先做好自己公司的事情，再去做其他事情。

针对这种表现，就要从企业和员工两个方面去加强员工的职业道德教育，从而提高员工的职业道德水平。

从企业方面来说：

首先，就是要强化教育，提高员工的道德自觉性。事实上，员工的道德习惯是可以塑造的，这就为职业道德的教育提供了可行性。

其次，要以典型引路，营造浓厚的职业道德氛围。榜样的力量是无穷的，它具有良好的引导示范效应，可以使人产生仰慕、追求的向往。在职业道德建设中，应针对这种社会心理，通过正面引导使人们产生积极向上的道德向往和对理想人格及荣誉的追求。

再次，要严格奖惩制度，培养员工良好的职业道德习惯。没有规矩不成方圆。实践证明，完善制度、强化道德约束是加强职业道德教育的一种行之有效的方法。

最后，还要抓住结合点，渗透融合到员工行为之中，推动职业道德建设向深层次发展。职业道德教育不是孤立存在的，它是企业精神文明建设的重要内容，只有渗透融合于企业管理之中，才能显示出旺盛的生命力。

而从员工的角度来说就比较简单，就是要求员工自己要有自我提升的意识。在企业进行职业道德教育的时候，要注意领会其中的意思，再根据自己的自身情况，融会贯通，最终实现员工整体职业道德水平的提高。

总之，加强职业道德建设是一项长期任务，只要企业对员工持之以恒地抓紧抓好，教育上求实，制度上求严，活动上求新，员工的道德素质和企业的整体文明程度就一定会取得很大提高，推动企业各项工作的顺利开展和员工自我价值的进一步实现。

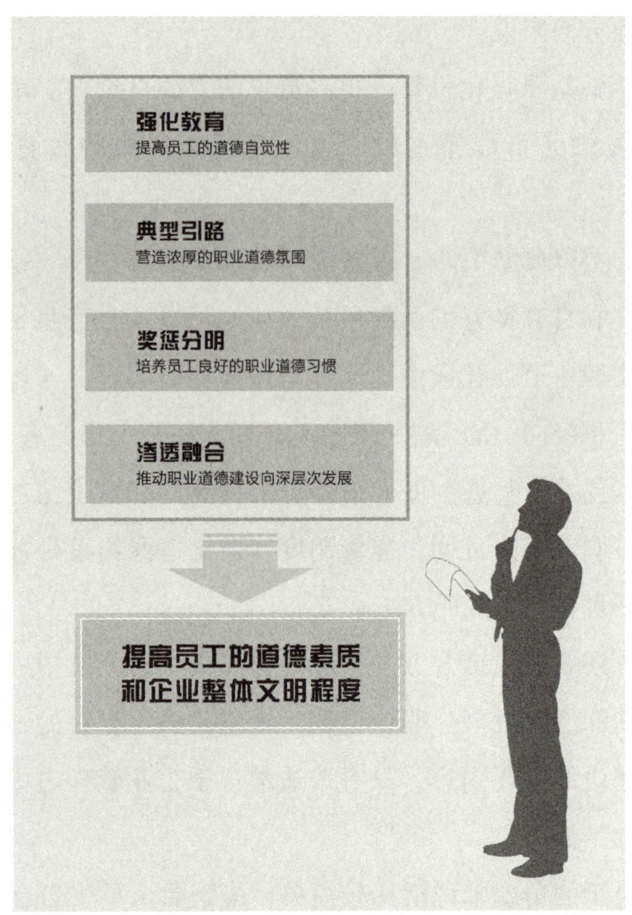

缺乏诚信，只赚钱不承担责任

 职场直播间

沈繁星是一家商场里的电脑销售人员。在这家商场里，销售人员是按照成交量来提成的，于是沈繁星就每天千方百计地想让客户选购自己这里的电脑。

在与客户的沟通上，沈繁星还是有很多技巧的。也有很多客户在与他接触后就愿意在他的店里买电脑，但是沈繁星有一个不好的习惯，就是喜欢给客户承诺但是不能兑现。比如，有一次一个客户在沈繁星这里买了一台整机，他承诺客户在半年之内如果发生损坏免费维修。可是刚过了两个月，电脑的内存条就坏了。客户找到沈繁星，沈繁星却告诉客户电脑坏了要找客服，他只负责卖电脑。这种态度让客户很不满，他投诉了沈繁星。类似这样的事情发生过很多次。

由于沈繁星被投诉了太多次，商场的领导对沈繁星进行了严厉的批评，并且告诉沈繁星，如果再有这种不讲诚信的胡乱承诺行为就把他开除。

沈繁星的这种不讲诚信，只求赚钱，没有责任心的行为是职业道德低下的表现。若是只顾眼前的利益而不讲诚信，是很难得到别人的信任的，最后只能被老板开除。诚信不仅是作为一个职场人必须具备的准则，也是作为社会上任何一个角色都要具备的素质。

对于职场人来说，诚信既是财富，又是财源，它比一些既得利益更加可贵。美国的安然公司、施乐公司等著名大公司都是因为诚信的缺乏而走上了末路。国内也不乏这样的企业，而造成诚信缺失的原因就是员工被一些小利益所驱使，这是员工和企业都应该注意的。员工要做到在工作中保持高度的责任心，才不会因小失大，失去诚信。

要想做一个诚信的职场人，就要从三个方面做起：一是培养自己的责任心，人有了责任心就会有动力去工作，在工作中也会更加慎重许诺。这样就迈出了诚信的第一步。二是严格要求自己，在对自己严格要求的情况下，是不允许自己出现这种不诚信的表现的。诚信是作为一个人最基本的准则。三是抛弃利益至上的观念，当很多东西包上了金钱的外壳时，就会迷惑很多人。职场人一定要抛弃金钱至上的观念，看到事情的本质，千万不能因小失大，失去更重要的东西。

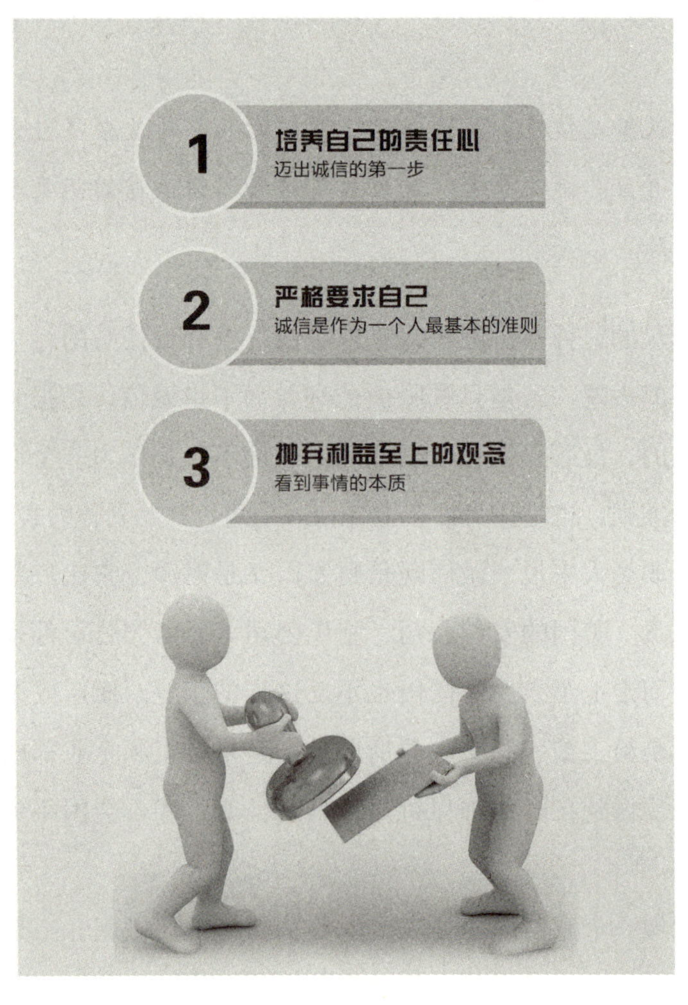

现在开始，提升职业道德素养

职业道德的败坏对工作的影响是极其负面的。那么，如何提升职业道德呢？主要就是从企业和自身两方面做起。企业方面重在加强职业道德的教育和制度的规范化；而员工自身则是要发现自己身上职业道德素养不高的地方，然后相应地提高自己的职业道德素养。只要从这两个方面入手，就一定可以提升员工整体的职业道德素养。

企业加强职业道德教育

企业中必须加强职业道德教育才能够提高员工的职业道德素养，这是每一个企业都势在必行的事情。很多企业认为职业道德教育就是给员工讲讲课，走走过场，这是非常不对的。职业道德对于每一个员工来说都是做好自己工作的前提，所以企业必须重视和加强职业道德教育，这样才能对公司的长远发展有利。企业本身也要注意商业伦理，制造合格优质的产品，提供优质的服务，否则，将得不偿失。

企业加强职业道德教育，有很多方法，以下比较有效的三个方法仅供参考：

1. 经常开展提倡职业道德的活动

在员工工作之余，企业要经常举办一些活动来丰富员工们的精神世界。这样就可以给员工树立起一个正确的价值观，提高员工们的职业道德素养，使员工能在活动中潜移默化地受到影响。

我每年上课 100 多天，给银行机构的培训较多，有些银行在上职业道德教育课程时，会播放教学片，即以前的银行职员不注重职业道德、触犯法律而今坐牢的反面案例，给现在在金融机构工作的人员以警示。

公司可以办一些职业道德的讲座，让员工们自发地去学习职业道德，让他们理解职业道德的意义所在。或者办一些职业道德的知识问答赛等。这样既丰富了员工们工作之余的生活，也能帮助员工提高自己的职业道德素养。

2. 对职业道德素养较高的员工进行嘉奖

榜样的力量是无穷的。企业应该树立一些职业道德素养较高的典型，并在企业全员面前公开表扬和嘉奖。这样，那些受到嘉奖的员工就会更加努力地提高自己的职业道德修养，而那些没有受到嘉奖的员工则会为了受到嘉奖而更加注重职业道德的修炼，从而达到企业职业道德素养提高的目的。

3. 营造一个积极主动工作的氛围

人是一种很容易受到环境影响的动物。在一个比较积极主动的氛围中，员工的工作积极性也会相应的提高。其实，职业道德就是为了企业的长远利益和员工的价值体现而存在的，也是促进社会道德发展的一个方面。所以，在一个积极主动的工作氛围中工作，工作效率的提高肯定符合企业的利益和员工的自我价值体现。这样，很可能会适当提升员工的职业道德水平。

从自身做起，建立社会诚信体系

当代社会正处在一个迅速发展的时期。无论是企业、个人、社会组织和权力机构以及整个社会都在有意无意地损害着这种稀缺的资源，各种不讲诚信、不讲信用的黑幕丑闻不断，大大影响了社会诚信体系的形成。为了自己的个人价值的体现和企业良好且长久的发展，员工必须重视“诚信”的教育，加快建立社会诚信体系。

对于员工来说，只有做到对企业、对同事、对客户的诚信，才能够让人相信你，从而重用你，最终实现自己个人价值的最大化。而要做到对其他人的诚信，就要从三个方面做起：

第一，要树立诚信观念、规则意识。“没有规矩，不成方圆”，有了规矩而不遵守，规矩就会失去应有的作用。有时候，一些员工规则意识不强，甚至根本没有注意企业的规章制度，就会犯了错也不知道错在哪里；或者明知规则也不按规则办事，犯了规还强词夺理。这些都是诚信观念不强的体现。员工需要树立起自己的诚信观念，这样才能够使自己能养成诚信的观念和意识。

第二，要培养以“诚信”为核心的道德规范。首先，要积极参加企业里举办的各种关于诚信的讲座，以培养自己的道德规范。其次，要从自己做起，努力改善自己和身边的工作氛围，让周围的人都能把工作建立在诚信的基础上，让“诚信工作”的观念深入人心。经过长期的培养，把个人的道德行为、经济行为和工作行为有机地统一起来，使诚实守信真正成为大多数人所认同并且遵循的行为准则。

第三，要建立规范的诚信体系和失信约束惩罚机制，从制度上约束失信的行为，为诚信水平的提高提供制度保证。要在制度上保证诚信者能够得到应有的回报，失信者必须承担责任，不仅要对其予以舆论谴责，更要其付出经济上的代价，真正实现有信者昌，无信者痛。

一位员工的诚信行为虽然对于整个社会来说影响不大，但是他至少可以影响到身边的人，让人们看到诚信所带来的种种好处；而社会多数人的诚信汇集在一起就是一股强大的力量，这也是一种正能量的体现。社会的诚信管理体系需要每一个身在社会上的人一起努力去实现。所以，自身的诚信行为也还是有很大的意义的。

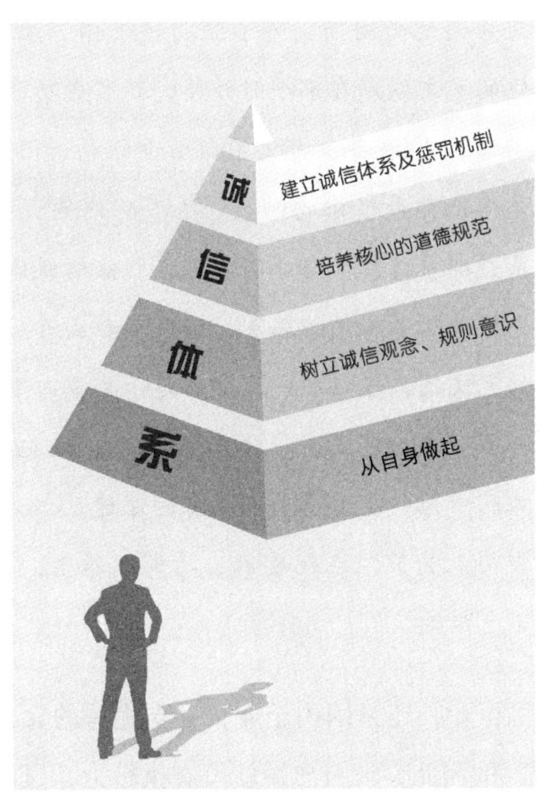

忠诚面对团队和老板

职场直播间

1993年，在意大利帕多瓦俱乐部已经小有名气的球员德尔·皮耶罗在时任尤文图斯俱乐部主席博尼佩尔蒂的强烈推荐下加盟了处于“冰河时期”的尤文图斯队。从此，为了回报博尼佩尔蒂的知遇之恩，他始终对尤文图斯不离不弃。1994—1995赛季的意甲联赛，他带领尤文图斯一举获得了意甲和意大利杯双料冠军。1996—1997赛季，皮耶罗又带领尤文图斯获得了欧洲超级杯、意甲和丰田杯冠军。皮耶罗和他的尤文图斯在那个时候享受到了成功带来的喜悦。

但是，时间到了2006年，尤文图斯由于“电话门”丑闻惨遭降级。这可以说是俱乐部最艰难的时期。很多队内的大牌球星都选择另谋生路，但是皮耶罗选择了与球队共进退。他对媒体说：“我绝不会离开尤文，即使球队降入丙级联赛，我也不会离开。”在他的带领下，处境艰难的尤文图斯在奋斗一年之后终于又重回甲级联赛。

最终，皮耶罗一直为尤文图斯效力了19年，他把他的全部青春都献给了这个球队。他的忠诚感动了所有的球迷。作为一个职业人，他的忠诚同样值得人钦佩。在他要离去的那个赛季，即使是客场的球迷都为他流下了眼泪。

无论是外国企业，还是国内企业，一支优秀的管理团队一定是具有“忠诚度”的团队，没有忠诚就没有执行力，没有执行力就没有效率，没有效率就无法创造效益，就不可能打造绩效团队。忠诚面对自己的团队和老板，是职场人职业道德的重要组成部分。

每个人最值得留恋的，就是对别人的忠诚。忠诚地对待团队和老板，就一定会获得展现自己的机会。忠诚不仅是一种美德，更是一种境界。在别人都左右摇摆不定的时候，自己选择忠诚，就一定能够走出一条属于自己的成功之路。

忠诚是一种真心待人、忠于人、勤于事的奉献情操。它出自于人的内心，而绝非虚伪、做作。忠诚是当今社会弥足珍贵的高尚品德。忠诚是一种人格特质，它能使人更加懂得自重。一个人是不能独自生存于这个世界上的，无论是在我们的日常生活中，还是在职场工作中，都需要我们组成一个又一个的团队。在这些以团队为单位的社会中，只有忠诚于团队才能建立相互信任，只有忠诚于团队才能让团队里的其他人接近你、认可你、重用你。

员工一旦选择了适合自己的职业，就要踏踏实实、忠诚地去面对自己的职业。唯有如此，才能不断地实现自身能力和素质的提高，实现自身的价值，进一步地追求卓越，亦会为社会的发展尽到自己的绵薄之力。

在别人都左右摇摆的时候，
自己选择忠诚，
一定能够走出一条属于自己的成功之路。

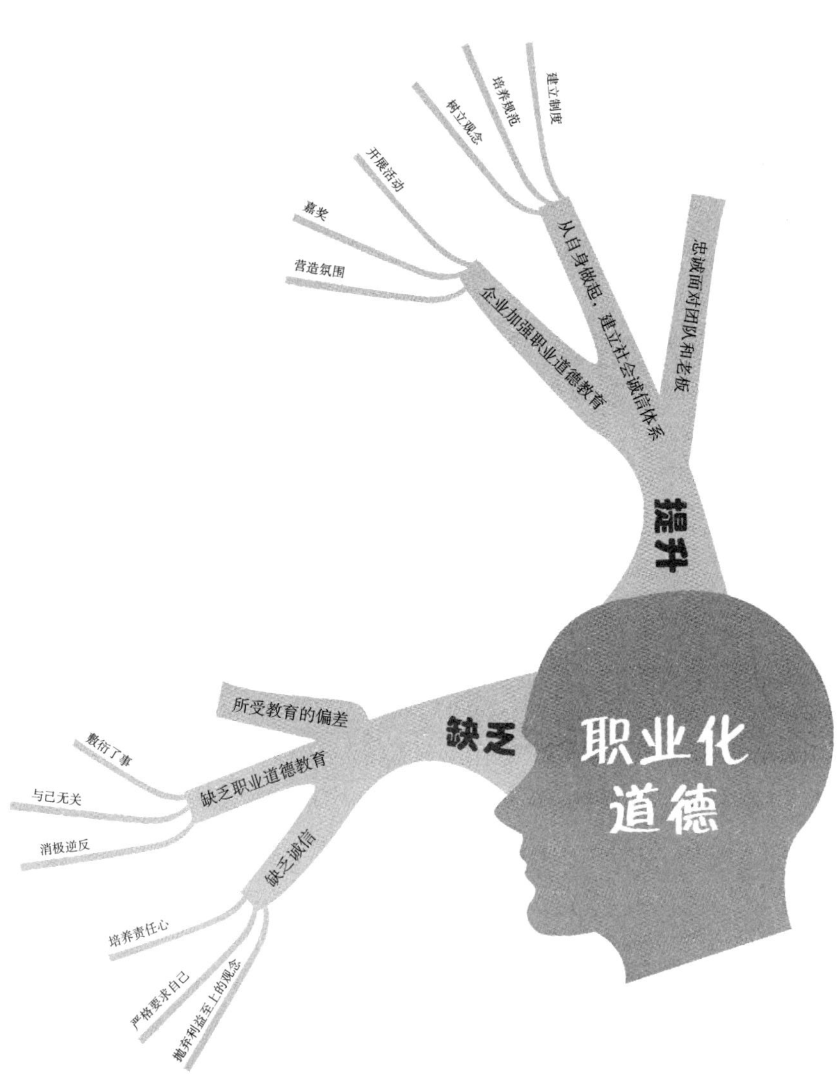

职业化道德
提升
忠诚面对团队和老板
从自身做起，建立社会诚信体系
建立制度
培养规范
树立观念
企业加强职业道德教育
开展活动
嘉奖
营造氛围
缺乏
所受教育的偏差
缺乏职业道德教育
敷衍了事
与己无关
消极逆反
缺乏诚信
培养责任心
严格要求自己
抛弃利益至上的观念

第六章
成为职业化员工，提升核心竞争力
——加强自身职业化

职业化内涵关系

有的人认为，职业化内涵就是上级叫干什么就干什么；还有人认为，职业化就是穿着行为上的规范。实际上，这两个方面都是传统的职业化概念。现在的职业化内涵是职业的意识、态度、技能、形象和道德五个方面组成的一个整体。

职业化五者的关系

对于职业化的意识、态度、技能、形象和道德这五个方面，职场人应该仔细统筹这五者之间的关系，把这五者之间的关系厘清，才能够找到平衡点。这样才能很好地实现职业化，让自己的工作做得更加得心应手。

第一，职业化意识是职场人实现职业化的一个重要因素。因为员工必须具备职业化的意识，才能够有足够的意愿来做自己的工作。职业化意识是在工作中逐渐积累起来的，需要在自己的实际工作中一点一滴积累。

第二，职业化态度是职场人能够实现职业化的前提。试想一下，一个对工作抱着一种无所谓的态度怎么能够做好自己的工作，从而实现职业化？只有端正自己的工作态度，才能够最大限度地把精力投入到工作中。而职业化的态度主要靠环境等因素来培养。

第三，职业化的技能是职场人实现职业化的必备条件。没有技能，又怎样工作呢？对于一个企业来说，员工具备多少的职业技能是企业选择员工的最重要标准。一般来说，职业化的技能是经过在工作中积累学习而不断提高的。

第四，职业化的形象对于职业化也是必要的。对于一些人来说，所谓职业化就是一种衣着打扮的形象。职业化形象的重要性可见一斑。很多行业，特别是销售、服务类的行业，职业化的形象就更显得重要。职场人只有在合适的场所，穿上合适的衣服，有合适的形象，才会给人一种职业化的感觉。

第五，职业化的道德是职场人职业化过程中不可或缺的一部分。职业道德决定了职场人在自己的事业中能走多远。可以说，在成功的人身上一定能找到良好的职业道德。职场人要想获得成功就一定要有很好的职业道德。

这五个因素对于员工的职业化都非常重要，缺一不可。只有五个因素互相配合，相辅相成，才能够成就职场人的成功。职场人只有对这五个元素的重要性有着充分了解，才能很好地统筹这五者之间的关系，最终实现自己的人生价值。

短板原理：总结自身“短板”

短板原理，就是指无论其他的部分有多么完美，只要有一个地方做的不到位，都很难获得成功。所以，职场人应该善于总结自己，找出自己的“短板”，从而使自己每一个方面都做到完美。

俗话说：“金无足赤，人无完人。”几乎每一个人都有自己的

“短板”，而成功人士往往都善于通过总结发现自己的短板，很好地避开自己的弱点，同时更好地发挥自己的优势而获得成功。职场人若是不能很好地发现自己的短板所在，就会发现自己无论怎样努力，就是不能够获得成功。所以，总结自身“短板”是非常重要的。

职场人在工作中，需要从四个方面来总结自己的短板：

1. 经常自我反省

古人说：“每日必三省吾身。”就是说每天都要三次反省自己，找到自己做得不好的地方，从而进行改正。职场人不必像古人一样每天三次反省，但是也需要经常反省自己。想一下自己每天的言行有什么做得不好的地方，从而找到自己的短板，然后针对这个短板进行改正，最终达到实现职业化的目的。

作为职场人，肯定有很多的工作，不可能每一句话，每一件事都反省到。但是经常自我反省还是能找到自己做得不足之处，从而对自己的职业化过程有所帮助。

2. 借助别人的建议

借助别人的建议而找到自己的短板是很有效的方法。职场人在平时的工作中，总是有很多自己看不见的盲点，所以需要借助别人的双眼看到自己的盲区，从而找到自己的那个“短板”所在。

职场人需要和同事多沟通，拥有良好的人际关系，其他人特别是一些“高手”才会愿意给自己提出意见和建议。否则，即使告诉了自己，也很可能是不真诚的。而且，职场人应该主动去向“高手”寻求改善建议，这样才能够让他人看到自己的真诚。

3. 有发现自己短板的意识

要想总结出自己的“短板”，意识是很重要的。只有愿意发现自己的短板，并且敢于面对它，想办法战胜它，这才是问题的关键所在。职场人就是要培养一种敢于发现自己短板的意识，在工作中有寻找它的意愿，这样才能找到自己的短板所在，并通过自己后天不断地努力填补这块短板，让自己变得更加完美，从而成为一名职业化的人才。

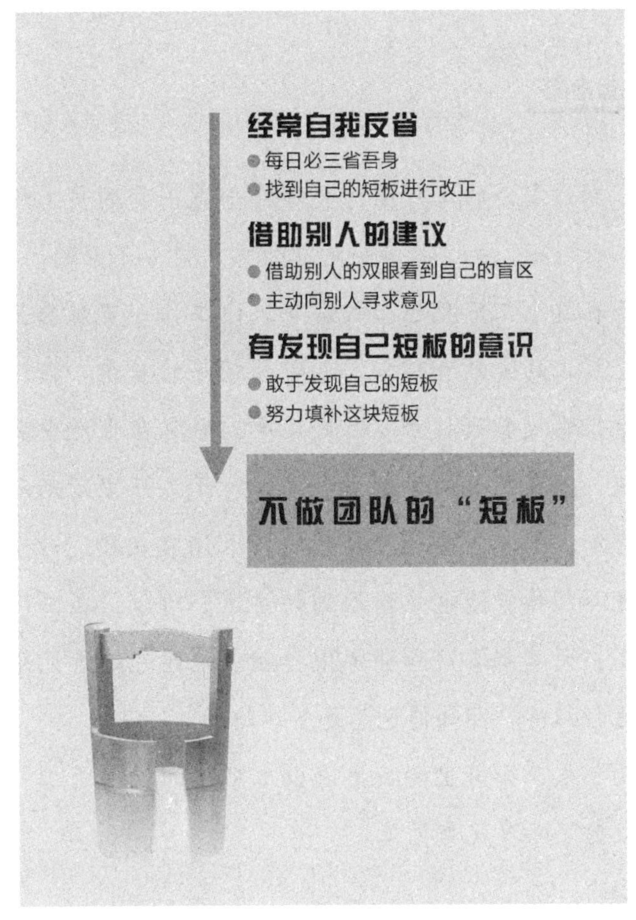

4. 发现自己的短板后，更要注意发挥自己的优势

一个人能够有所成就多数都是发挥了自己的长处和优势，有些“短板”无法弥补的话，就要善用别人的长处来弥补自己的短板，在工作技能中，一定要多发挥自己的优势。在竞争中，要了解自己的短板并尽量避开，更要用“长板”（优势）去竞争。

行、知、授合一原理

职场直播间

在一家制作零件的工厂里，邓师傅一直很受到员工的喜爱，这与他平时工作时行、知、授合一的工作方式是分不开的。

邓师傅在这个工厂里已工作多年。他工作一直兢兢业业，细心快速，深受员工的爱戴和信任，也受到领导的赏识。在认真工作的同时，他也很喜欢钻研技术。有好几次，他都在生产中提出了非常实用的建议，给工厂节约了不少成本。对于工厂里的新人，邓师傅也是照顾有加，毫不吝啬地把自己的技术倾囊相授。对于老人，有些问题请教邓师傅，他也热情周到的讲述。所以，在工厂里邓师傅的威望很高，大家都喜欢和邓师傅接触。就连领导看见邓师傅都要亲切地和他打招呼，邓师傅也总是笑眯眯的。

该年的年末，公司里要投票选出工厂里的优秀员工。邓师傅毫无悬念地成为了年度优秀员工。

行，就是工作的行为；知，就是保持一颗求知欲，不断地前进；授，就是毫不吝啬地把自己所掌握的技能教给那些没有掌握的员工。从这个角度来看，邓师傅获得优秀员工的荣誉当之无愧。在邓师傅身上，行、知、授很完美地结合在了一起，所以邓师傅受到了整个工厂员工的欢迎。

职场人也必须效仿邓师傅，才能受到他人的信任，实现自我的价值。对于职场人来说，行是责任、知是学习、授是态度，只有把三者有机地结合起来，才能达到职业化的目的。

对于很多职场人来说，把这三者综合起来也并非难事。

首先，要有一个敬业的态度，要做，就做到最好。工作就是这样，只有用心地去做，才能够把工作做得完美。

其次，要有一个学习的心态，随时都在学习，都准备着学习，保持很旺盛的求知欲，不断地前进。

最后，要有一颗宽容的心。这样才可以毫不吝啬地去教给他人一些专业技巧，让他人能够很快速地成长。

只要在工作中保持一颗平常心，很好地统筹工作、求知与传授之间的关系，使它们相互协调、互相配合，职场人就可以获得体现自己价值的机会，最终成为一个优秀的职场人。

行
（责任）
传授技巧
心态宽容
用心工作
求知欲
授
（态度）
学习的心态
不断前进
知
（学习）

第六章

成为职业化员工，提升核心竞争力

加强自身职业化，在职场如鱼得水

职业化是职场人能在职场竞争中畅通无阻的通行证。只有加强了自身的职业化，才会在这个职业上如鱼得水。职业化的员工可以直接提升企业的核心竞争力，更可以在职场这个大舞台上体现出自己的价值。

对生活充满信心，直面工作中的困境

职场直播间

钟洛昆是一个股票分析师，他每天的工作就是给投资者解读股票的行情，并对股市的行情进行评估，给投资者提出自己的建议。

然而，最近一段时间，钟洛昆给客户推荐的股票老是不够坚挺，甚至有些股票一直在狂跌。这给钟洛昆的信誉和能力带来了极大的挑战，钟洛昆感到压力很大。不过，钟洛昆并没有被压力压垮，他又重新对市场进行了研究分析，对自己失败的原因进行了总结。然后，他对投资者表达了对能源类股票的前景的看好，

一些投资者表示愿意相信他。不久之后，能源类的股票果然一路飘红，钟洛昆终于找回了自己的信誉和感觉。

在面对突如其来的困难的时候，钟洛昆并没有选择退缩，而是选择了充满信心地应对，最后获得了成功。事实上，在遇到困难的时候，拥有自信的心态就已经战胜了困难的一大半。职场人在生活中总是充满信心，自然在工作中遇到困境的时候可以从容面对，不会退缩。信心是战胜困难的利器，职场人一定要锻炼那种对生活充满信心的心态。

对于职场竞争来说，信心来源于实力。要想对生活充满信心，就要具备能够过上好日子的实力。实力是需要职场人在平时的工作中积累修炼的。所以，员工还要在工作中用心工作，才能够积累到足够的实力。

除了实力之外，信心还来源于乐观的心态。如果一个人对一切事情都消沉，那他注定一事无成。所以，职场人还要保持一个乐观的心态。这样，在遇到困境的时候才不会轻易放弃，而且能在最短的时间里冷静地分析出最好的解决办法。

对困难有一个正确的认识也是职业人所必备的。很多人对困难并没有一个清楚的认识，就被一些“纸老虎”吓得望而却步。有一首打油诗形容困难非常贴切：“困难像弹簧，看你强不强。你强它就弱，你弱它就强。”只有对困难有一个比较客观的认识，才能更好地战胜困难，迈向成功。

第 六 章

成为职业化员工，提升核心竞争力

确定目标，做永不自我满足的人

对于职场人来说，需要做到确定了目标之后，永不满足，才有向上的动力，才能够成为职场上的强者，并获得成功。因此，职场人要从自己做起，确定好一个目标，做永不满足的人。

而要做一个这样的人，就需要按照下面的六个步骤来循序渐进地进行：

1. 确定阶段目标

对于职业人来说，一个明确的目标当然是很重要的。因为拥有一个明确的目标才能让人们的努力有意义。但是，有些时候，职业人在给自己定下了很多长期的目标后，也需要确定一些短期的目标。因为这些短期目标更容易完成，也更容易使人工作起来有动力。短期目标的制定并不是对原有目标的否定，而是对原有目标的拆分，所以制定短期目标并不是对自己初衷的违背。

2. 不轻言退缩

在遇见问题的时候，如果退缩了，就很容易被困难所击倒。事实上，人越是迎着困难而上，困难就越是显得微不足道。职场人在工作中若是遇到了困难，千万不能轻言退缩。

3. 不犹豫，从做好小事开始

为什么看到机会却没有抓住，是因为我们在犹豫：用什么方法更好啊，是不是还有更好的机会啊，或者这是不是机会啊……海尔集团总裁张瑞敏有句名言："把每一件简单的事情做好，就是不简单；把每一件平凡的事情做好，就是不平凡。"

4. 打破常规，善于创新

这个世界上为什么这么多人碌碌无为、平庸一生，是因为他们有一个习惯思维，"我凭什么要这么做""别人怎么不做""我为什么要做"。有些事情、有些机会就像一层窗户纸，稍纵即逝，但有些机会就像表面看起来发烫，但实际上是常温状态的石子，只是红色的而已。

5. 保持饥饿感

我们要想有一个健康的身体，一个健康的事业前景，自己就必须有饥饿感，必须永不满足。在觉得日子不错的时候，稍微休息休息，享受享受人生乐趣就行了，此后需要赶紧爬起来奔跑，不断地向上，奔向预定的目标。这样就能更快地接近成功。

6. 勇于承担责任

这世界上机会很多，但为什么很多人不敢抓，有一个原因就是怕烫手。一个人在一个团队中间是因为敢于承担责任，才会获得信赖；是因为敢于承担责任，才能够显示价值；是因为敢于承担责任，才会让越来越多无能的人说反正有他扛着，我们听他的就行了，让他领着我们干，这个人才有了独特的领导价值。不是没有责任心的人在衬托有责任心的伟大，而是他们在给有责任心的人以机会。如果想得到常人所得不到的满足和快乐，就要承担常人不愿承担的责任。

尽职尽责，做对自己和企业负责的人

无论是在哪个岗位上，每个人的能力都不一样，但是对工作的责任感则是必须具备的。尽职尽责是一种态度，一种对待工作的态度。如果在工作中没有责任感，那怎么才能把工作做好，怎么才能成功。只有在自己的岗位上坚持不懈，全身心投入，才可能获得成功。工作时应该时时刻刻让自己尽职尽责，即使从事最平凡的工作

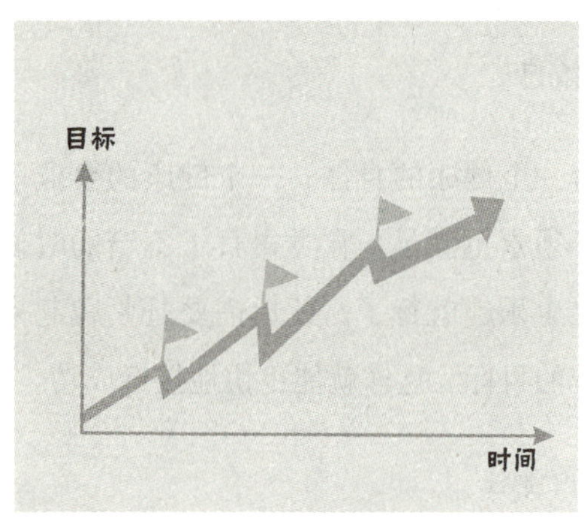

- 确定阶段目标
- 不轻言退缩
- 不犹豫，从小事做起
- 打破常规
- 保持饥饿感
- 勇于承担责任

也能让自己成为一个不平凡的员工。摆正自己的位置，忠于自己的企业和团队，对工作尽职尽责，适时给自己充电，马上行动起来，成为公司不可或缺的人才。

尽职尽责看似简单，但要做起来却没有那么容易，这就要求我们在今后的工作当中脚踏实地，勤奋苦干，尽职尽责，把工作中的每一件小事做好，体现的才是责任感，而只有具备了责任感的人才能铸造完美的工作。

行动是达到目标的唯一途径，一百个想法不如一个行动。有的职业人有时常常会自己吓唬自己，认为工作有多么难，然而只要静下心来厘清思路一步一步付诸行动，就会发现其实也不难，只要行动了就有收获，不要将时间浪费在缥缈的空想中。

一个企业，只有员工们通过通力合作，一起协调工作才能够使企业“发展壮大，茁壮成长”。员工的尽职尽责却可以为企业贡献出自己最大的能力，为公司取得最大的利润。所以，员工必须对自己的工作尽职尽责，因为这是一个职业人必备的条件之一。

其实，想要让员工更加尽职尽责可以从三个方面做起：

1. 有一种主人翁心态

把企业和岗位的一切当成是自己的，当然愿为企业全力以赴。

2. 严格要求自己

在工作的时候，严于律己，用心工作完成任务，做到尽职尽责。

3. 对细节的追求

千里之堤，溃于蚁穴，工作中注重细节，对细节的追求也是一种尽职尽责的表现。

很多职场中人总是渴望自己得到提升，得到加薪，但仍抱着为老板打工的心态，只是完成任务，甚至敷衍、马马虎虎的工作态度，似乎他们并不知道职位的晋升是建立在忠实履行日常工作，用心做好每一件事的基础上的。只有尽职尽责、尽善尽美、用心做好目前的工作，才能使你获得价值的提升。用心工作是对人生和生活的尊重，因为工作是人生在世求得生存和发展的前提条件，一个人要想得到企业和社会的承认，唯一有效的途径就是“用心对待自己拥有的工作”。有了这个平台，职场人才有了不断发展、不断开拓、不断提升自身价值的空间，提升职业化，实现自己的目标与梦想。

积极配合，做能与团队同进退的人

身在职场的你，命运是和企业紧密相连的。如果企业是航行在大海中的航船，那么员工就是船上的水手。如果航船面临了危险，那么水手也同样有着险情。因此，员工应该尽到自己的责任，相互依赖，在岗位上贡献自己的力量。为了同一目标，一起抵御风险，克服困难，荣辱与共，谋生存求发展。

企业发展的核心价值观就是“追求企业与员工和谐发展，共同进退”。企业可持续发展意味着每一个员工团结一致，无私奉献。作为员工，要保持对自己企业的忠诚；对自己岗位的忠诚；对自己内心的忠诚。企业是你实现梦想的平台，想尽一切办法贡献出自己的力量。当企业陷入困境时，应当积极配合，用自己的努力与企业同舟共济，克服困难。绝不能在这个时候选择逃离，那不是明智之举，与企业共进退才是真正忠诚的员工。

任何企业都是经历各种风雨才走向成功的。每个企业都有一段辛酸的发展史，都会在不同的阶段遇到各种难以预料的困难。但是每一次陷入困境都像一面筛子，过滤掉那些意志不坚定的员工，留下忠诚的员工。而那些忠诚的员工永远能在企业陷入险境时，与企业共同面对困难和挑战，同舟共济众志成城。这些与企业一起进退的员工就像是大浪淘沙后留下的“金子”，是企业所看重的，是企业的精神支柱，以后也将为企业的发展壮大作出贡献。

现在的职场，充斥着各种诱惑。如果没有决心和毅力与企业共同发展，很难在短时间内有所作为。因此，不管是出于自身前途，还是职业道德考虑，都要做一个与企业共同发展的人。这样不但能赢得企业的信任，还能获得更好的发展空间，对自己和企业的未来负责。

思考一下，如果当企业陷入困境时，你是否在想着赶快逃离？如果你是这么想的，那么你真应该认真反省一下自己了。要与企业共命运，共发展，以积极的态度去面对每一天的工作，这才是一个优秀的员工所具备的素质。

那么，如何做到和企业共进退呢？

首先，企业的未来关系着自己的未来。企业发展壮大，个人的发展机会也就会越来越多。企业所获得的利益大了，个人的利益也会随着升高。

其次，企业就像是一座桥梁，员工就是上面的行人，桥塌了，人也会掉落。如果企业发展不稳定，来回晃动，那么员工也会感觉摇摇欲坠，会整天生活在顾虑当中，因此要多为企业着想，与企业共患难共发展。

最后，在遇到困难时要奋勇向前，不要甩手走人，这是对自己和企业的一种不负责的行为。企业在遇到险境后，那些离开的员工以后也是很难有立足之地。既然当初选择了这个企业，就应该与企业共进退，奋勇向前，向着美好的未来冲刺。

第 六 章

成为职业化员工，提升核心竞争力

不断学习，做有核心竞争力的人

随着经济的快速发展，市场竞争也变得越来越激烈，在此环境中，核心竞争力就变得尤为重要，或者可以说是决定成败的关键因素。一个企业要想在竞争环境当中脱颖而出，就必须有自己的核心竞争力，一个人想要在这弱肉强食的残酷社会上立足，必须有个人的核心竞争力。

所谓个人核心竞争力，就是自己独有的，别人所不能效仿且具有竞争优势的知识或者技能。也有这样的理解：同行无法模仿，客户无法替代。假如你会跳舞，舞姿也非常优美，但是别人也会跳舞，而且跳得比你还好，那么跳舞只能算你的竞争力之一，不能算是你的核心竞争力。在自己的职业生涯中，应该明白自己的优势在哪里，并以自身的优势来形成自己的核心竞争力。如果没有核心竞争力，那么就应该不断地学习，扩充自己，培养核心竞争力。

弱肉强食，物竞天择，适者生存，这是竞争的本质和普遍规律。它既是一种竞争机制，也是一种淘汰机制。核心竞争力就像一块吸铁石，利用它就可以轻易地发现周围的机遇。打造核心竞争力的目的就是增强自身，让自己变得独特，变得无法取代，争取成为No. 1。员工应该管理好自己，充分运用自己的能力，才能保证自己的发展，让自己在激烈的竞争中占有优势，从而脱颖而出。

如何提高自己的核心竞争力呢？

首先，确立自己的目标，确定目标前要先考虑自己的优势和能力，不要给自己设立过高、不现实的目标，否则如果达不到就容易打击自己。一旦目标确定，就要全力以赴的前进，稳定心智，不要受到外界的影响和干扰。实现目标并不是为了获得大家的称赞，也不是为了提高薪资，而是为了提高核心竞争力，实现预定目标。

当今社会，为了确保自己能在残酷的环境中生存下来就应该努力学习。这是一个艰难的过程，成功不要骄傲，即使失败也不要气馁。健康的心态有利于核心竞争力的培养，成就大业必须具备良好的心态，意志薄弱、心态消极的人难以获得成功。

由于核心竞争力具有独特性，因此，一旦有新的机会或重要任务时，领导多数会想到这样的员工，因为这些员工在日常工作中业绩突出，能力卓越，别人很难代替，能够圆满完成任务。他们既为公司创造价值，又能为自己赢得更多机会。

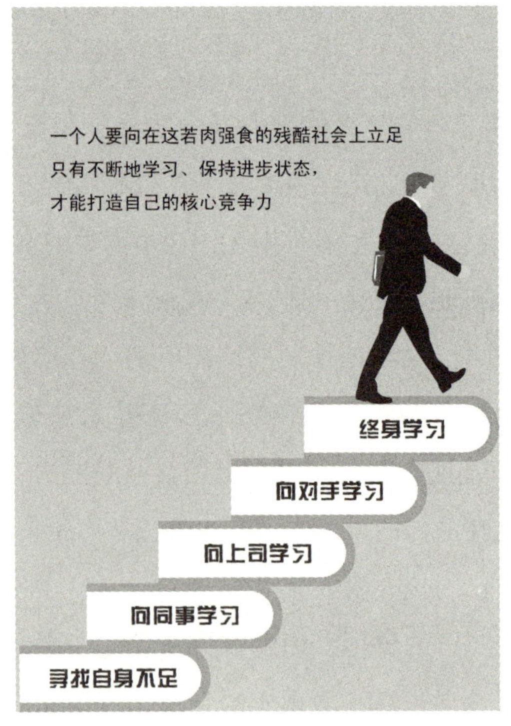

点燃激情，做职业化的一流员工

激情是生活的源泉，是生命价值的体现，更是发展自我的催化剂。活着需要激情，工作更需要激情！在生活工作当中，常常忘记了“激情”二字，每天照惯例的上班，按部就班的下班，做着同样事，面对着同样的人，枯燥乏味，很容易让人厌烦，也很让人生平庸。那么，如何激情地工作，做一个快乐的员工呢？

1. 准确定位工作的价值和意义

工作固然是为了生活，但是比生活更重要的就是在工作中充分发挥潜能，让生命的过程更有意义。工作可以让你的生活变得充实，有满足感和快乐。同样一份工作，赋予不同的意义和价值，给人的感受就完全不同。当得知自己工作的意义和价值时，就会去学习、思考，这样就会得到收获和成绩，从而更加富有激情地面对以后的工作。

2. 相信自己

工作中会遇到很多烦恼和挫折，但是一定要相信自己。别把成功看的遥不可及，成功并不像我们看上去那么复杂，有时越简单越容易成功。如果一个人连自己都不相信，还能指望别人去相信你吗？要对自己有信心，相信自己一定能行，并且把这种自信带到工作中，让自己始终保持在一种激情的状态。

3. 有计划和目的地工作

带着目标去工作的人往往知道自己的目的地在哪里，需要付出怎样的努力才能到达，所以，在这个过程中，他们都会充满前进的力量，富有激情。没有目标，就是没有方向，像无头的苍蝇只能四处乱撞；没有计划和行动，目标就变得渺茫，变成空谈，没有任何意义。

4. 与工作谈恋爱

很多人在遇到自己不喜欢的工作时，会干一行换一行，不认真对待自己的工作，持有消极态度，总希望能有一天换到自己喜欢的工作。其实，没有哪一份工作是特地为你量身定做的，你必须学会热爱自己的工作，学会和自己的工作谈恋爱，去了解它，去爱它。把每一天的工作都当成自己的全部，当成唯一，这样才能在工作中找到成就感，才能点燃激情。

5. 融入团队和公司

一个人只有融入团队和公司，才能有一种主人翁的激情，才会有更大的力量。

6. 与激情人士“共舞”

在工作当中，和谁在一起非常重要，这或许能改变自己的成长轨迹，决定自己的人生成败。和激情的人在一起工作，可以受到他们情绪的感染，让自己更有激情地做事。有了工作激情才容易达成目标和得到自己想要的成果，对工作饱含激情的人，永远都是企业最为需要和欣赏的人。

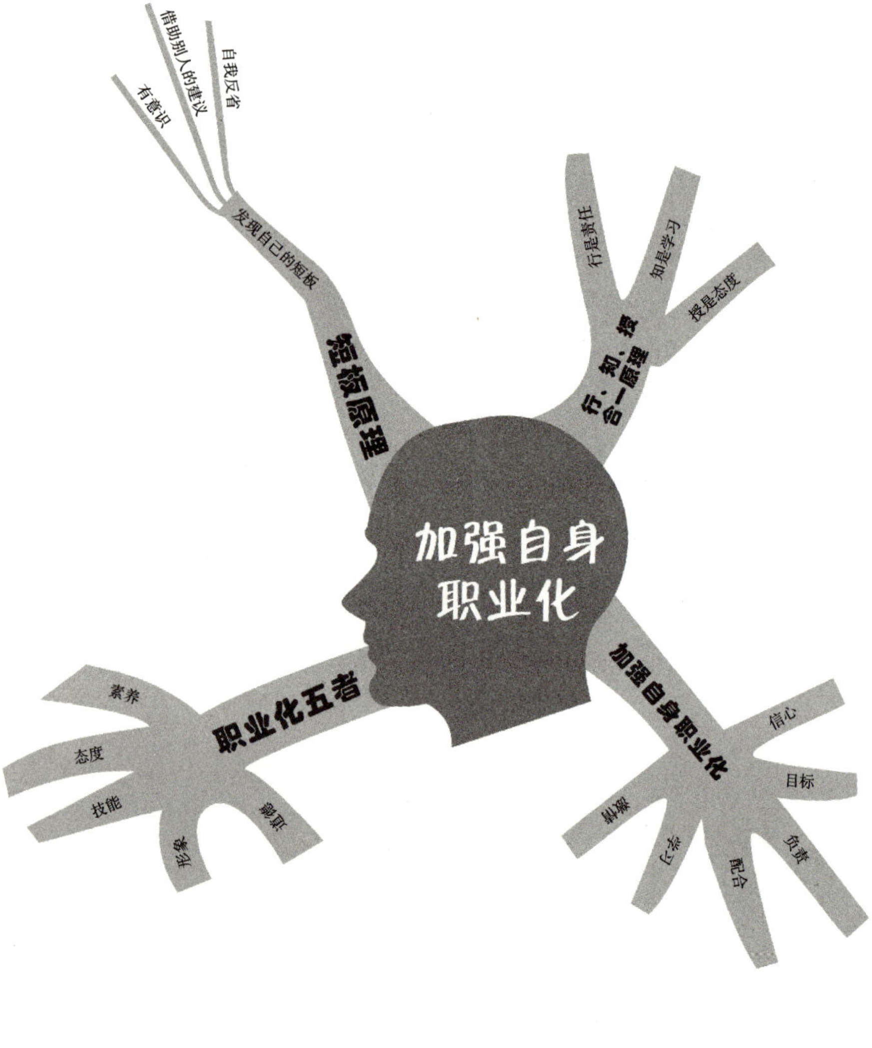

加强自身
职业化

短板原理
发现自己的短板
自我反省
借助别人的建议
有意识

行、知、授
合一原理
行是责任
知是学习
授是态度

职业化五者
素养
态度
技能
形象
道德

加强自身职业化
信心
目标
负责
配合
忠心
敬业

后　　记

曹爱宏老师主讲课程

◇ 曹老师课程五大特色

1. 实战性：课程使用工作实际问题、冲突作为案例，现场模拟，分组研讨，讲师总结。

2. 对抗性：培训本身就是一场竞争，分组对抗，成果分享，协作配合，最终获胜。

3. 互动性：理论讲授、实战演练、案例讨论、游戏、分享、答疑全程互动。

4. 精致性：实行小班制授课，设计精当，配备专业助教、设备、会场，科学合理。

5. 权威性：本课程符合国内企业实际，引用国际同行先进成果和授课方式，经验丰富，切合需求。

◇ 培训方式

理论讲授 50%、互动案例讨论 20%、练习 20%、经验分享、答疑 10%。

◇ 备注

在合作中，大纲会根据客户的实际需要，进行修改，增减课程内容。

◇ 主讲课程一：网点员工职业化六项修炼——银行业

◇ 课程收益

1. 认知公共关系沟通及职业化，打造银行职业化的主管和员工，职业化的团队；

2. 树立起职业人士的积极心态，提升职业人的人际沟通、执行、自我管理、团队管理等各种职业化技能；

3. 认识企业，学会如何保持专业的商务形象、恰当的服务礼仪；

4. 培养职业化的工作道德，珍惜现在，学会感恩；

5. 有预防诈骗的职业意识，机警并且有备用方案；

6. 部分突发状况的处理。

◇ 课程时间　2 天（6 小时/天）

◇ 课程对象　银行网点员工及中基层管理者

◇ 课程大纲

第一项　职业化认知与职业化意识修炼

第二项　职业化态度修炼

第三项　职业化技能——沟通力修炼

第四项　职业化技能——执行力修炼

第五项　职业化形象修炼

第六项　职业化道德素养修炼

◇ 课程补充　银行网点突发状况处理

◇ 课程小结　短板原理

后　　记

曹爱宏老师主讲课程

◇ 主讲课程二：基于工作任务的 TTT 培训（初、中、高级）

◇ 课程收益

1. 突破当众演讲时的紧张恐惧情绪；
2. 能够设计演讲结构与组织内容；
3. 如何开口演讲有吸引力与结尾让人意犹未尽；
4. 如何让你的演讲思路清晰，层次分明；
5. 如何在演讲和培训时精练地表达自己的意图与观点。

◇ 课程时间　7 天（6 小时/天）

◇ 课程对象　专业技术骨干、中层干部、兼职培训师

◇ TTT（初级课程大纲）（2 天）

第一模块　突破当众演讲时的紧张情绪与提升能力

一、人人有情绪，一会就过去——克服紧张的六大方法

二、上帝垂青有准备的头脑——演讲前的六大准备

三、想干之后还要会干——演讲者、培训师六大能力

四、练习是必经之路——演讲口才练习的六字方针

第二模块　如何增强语言的感染力与说服力

一、体态语言重又重——登台礼仪与肢体语言

二、声音语调影响你——声音、语调的训练

三、增强演讲说服力——八大技巧

第三模块　当众演讲结构设计与内容组织

一、开场白应解决三个问题和达到三个目的

二、公众演讲培训八种实用开场白

三、公众演讲培训八种实用结尾语

第四模块　教学法与注意事项

一、演讲短培训长——五大教学法

二、现场互动很重要——七大技巧

三、演讲培训的注意事项

◇ TTT 课程开发（中级课程大纲）（2 天）

第一章　培训课程开发与设计能力训练

第二章　培训师课程设计之天龙八部法

第三章　课件制作技能提升

第四章　标准课件的规范与设计要领

第五章　培训师课堂组织技巧

第六章　内训师教学法与注意事项

◇ TTT 教学法与综合提升（高级课程大纲）（3 天）

第一天（6 小时）

一、任务布置与准备（0.5 小时）

二、准备中的资料收集与贴切度讨论（0.5 小时）

三、收放自如——精彩的课堂演绎与课堂掌控（2 小时）

四、加速学习法（1 小时）

五、上台演练与相互点评（2 小时）

第二天（6 小时）

一、专业授课方法复训、演练、分析是否适合自己（3 小时）

二、专业技巧：引导、讲解、带教、主持等（1.5 小时）

三、培训风格形成与调适（1.5 小时）

第三天（6 小时）

一、优势课程开发（1.5 小时）

二、课程深度把握（1.5 小时）

三、培训体系的建立（1.5 小时）

四、综合演练与辅导（1.5 小时）

◇ 主讲课程三：EAP 情绪压力管理工作坊（中高层 2 天版）

◇ 课程收益

1. 帮助学员尽快培养积极的情绪和心态：积极进取、认真负责、不浮躁……

2. 让学员深刻理解培养情商对成功的重要性；提供如何提升情商的方法；

3. 生活中如何缓解压力，有哪些实际的操作方法；减少员工抱怨；

4. 学会并实践心情平复方法，改善集中力及变悲观到乐观的方法；

5. 以冷静及平稳的心态界定问题、制定决策、解决难题并建立关系；

6. 不只是增加知识，掌握方法，还有切身体验。

◇ 适合对象　企业全员

◇ 培训方式案例剖析 + 互动交流 + 紧扣主题 + 实战摹拟 + 视频分享 + 课程作业实践

◇ 课时安排　2 天（6 小时/天）

◇ 课程大纲

第一部分：认知压力、情绪

第二部分：EQ 提升与高 IQ（智商）低 EQ 的特点

第三部分：压力的减轻与排除—— 如同治水，对压力不要硬堵，要疏导，要化解，要放下

第四部分：心理疏导与沟通

第五部分：压力缓解——情境体验

一、呼吸法及练习

二、冥想练习

三、亲密沟通的五段模式

四、完形对话，人际界限

第六部分：突破自我的情商提振

第七部分：EAP 走向：永久快乐工作的秘诀

第八部分：结语——课程小结

◇ 主讲课程四：高效能时间管理与效率提升

◇ 课程收益

1. 充分认识时间管理和工作效率的关系；

2. 发现自身和机构时间管理的不足点；

3. 提升时间管理的技巧，提高工作效率；

4. 有十五种实用时间管理工具带回企业落地；

5. 充分了解时间管理的重要性，统筹安排、利用时间，提高自己的工作效率。

◇ 课时安排　2 天（6 小时/天）

◇ 课程对象　企业中基层主管

◇ 课程大纲

第一章　认知时间管理四代时间管理

第二章　时间管理必要性和管理障碍

第三章　时间管理原则与模型

第四章　实用的十五种时间管理工具

第五章　时间运筹技巧与业余时间管理

第六章　善用时间提升效率

◇ 课程补充　课程落地练习的部分工具，包括任务管理软件、任务排序表、流程图、每周时间开销清单、工作任务表、日清自检表、马云建议的工作习惯、多种提高效率工具和图表、工作日记、最新软件“时间广场”

◇ 课程总结　回答学员问题、拷贝资料

◇ 主讲课程五：沙漠掘金—团队沟通执行训练营（体验式沙盘）

◇ 课程背景　已被清华大学、浙江大学、上海交通大学、复旦大学列入 EMBA 课程；据反馈统计，90% 的参与者承认“沙漠掘金”与自己平时的行事方法吻合度极高。

◇ 适合人数　仅限 50 人以内

◇ 课程时间　2 天

◇ 课程大纲　本课程是国外引进的最新体验式培训课程，本培训课程让学员深入启发学习，完全不同于拓展训练和演讲式培训，在全新的体验中深入挖掘、分析团队运作时可能出现的人员合作、沟通、竞争、风险、压力及冲突等问题，以及目标设定及管理的重要性。体验式培训起源于西方，通常以游戏和情景模拟演练的方式把生活中、工作中的种种问题折射出来，受训者通过选择、决策、行动导致的结果，引发思索，总结发言，从而自觉引导自身行为的改变。

◇ 游戏介绍　几只驼队从地图上的大本营出发，开始漫长的沙漠掘金。每支队伍出发前都有 1000 元现金，可以在大本营购得等价的帐篷、指南针、水和食物。另外，每支队伍还配有一只负重 1000 磅的骆驼。在前行的路上，有绿洲，探险队可汲取尽可能多的水；在村庄，探险队可以买到水和食物，但是其价格比大本营贵一倍。在掘金的旅途中，会遇到四种天气，分别是晴天、高温、沙尘暴、沙尘暴加高温，各种天气情况下所需消耗食物和水的量各不相同。整个探险之旅行程 25 天，一只帐篷在整个行程中可用三次，一只指南针只可用一次。此外，在大本营内还有一位智慧老人，据说能告诉你有关沙漠的秘密……

◇ 优胜评定

返回大本营的第一支探险队，带回的金子，每块能兑换 100 元；第二支返回的探险队……依此类推

◇ 课程收益

1. 促进学员明确目标、全力执行、坚持不懈的工作态度；

2. 使学员深刻体会到目标管理、风险管理的重要性，以及明确做计划的威力；

3. 使学员学会取得有价值的信息，及学会分析信息是否有价值；

4. 使学员了解工作不仅仅是卖力，同时学会更有效的工作 ；

5. 更重要的是能够协助公司在管理、销售、沟通等方面，运用团体游戏的方式，在不知不觉中去显现出问题，发掘出问题的根本实质，而让学员亲身体会公司的问题所在，并找到立竿见影的解决方法。

◇ 学员感悟

“沙漠掘金”与自己平时工作的行事方法吻合度极高。换句话说，你平时不太善于做计划，订目标，在这个课程中就表现为“只求生”、“没方向”、“易妥协放弃”，甚至“只带了两份食物就出发了”。

——可口可乐张先生

参加了这次“沙漠掘金”游戏我得到了三点启发：看清目标，使自己更明确和更有效的工作，而不是使自己更忙碌；团队之间要有共识；时间是世界上最重要的一种资源，却最容易被人忽视。

—— 山东航空参训人员

通过模拟团队沙漠探险掘金的过程，对团队目标实现过程中的计划和资源配置问题；团队运作过程中的人员合作、沟通和冲突问题；面对竞争、压力和环境突变时的应对问题进行深度挖掘、分析，全面提升了我们参训人员的计划能力和决策能力。

——联想集团参训员工